찌아찌아 라뽀코어 - 인도네시아어 - 한국어 사전

KAMUS BAHASA CIACIA LAPORO - INDONESIA - KOREA

찌아찌아 꽈뽀코어 - 인도네시아어 - 한국어 사전
KAMUS BAHASA CIACIA LAPORO - INDONESIA - KOREA

소라올리오 찌아찌아 원암문화재단 사전편찬팀 **작성**
훈민정음세계화재단 **지원**

역락

CONTENTS

까빵우루시노 뽀가우

까무수 뽀가우 찌아찌아 라뽀코 - 인도네시아 - 꼬레아 노찌빠까나 티아하소 나밈바리 까무수노 미깜뻬아타키아소노 뽀가우 찌아찌아 마이 뽀가우 꼬레아. 까무수 나께헤 노꼬뚜주아 티아하소 나밈바리 도꾸 메노 꼬사 까따 뽀가우 찌아찌아. 마이 까무수 나께헤 꼬사 까따 앗리 뽀가우 찌아찌아 라뽀코 찌아페모 나찌까피 뽀호리 뻠바리모 나미깜뻬 아타키히시에 수수키 찌나삐. 미아노 꼬레아 또하쿠모 마카루루노 미 깜뻬아타키아소노 뽀가우 찌아찌아 하방리 노마카사이. 모하께 뽀가우 찌아찌아 부키노 미나 이 꼬레아, 하방리 뿌루노 뽀가우노 찌아뽀 나꾸 모니에 마하나노. 까타네헤노 까무수 뽀가우 찌아찌아 라뽀코 - 인도네 시아 - 꼬레아 나께헤 나마무타하소 미아노 꼬레아 나미깜뻬아타키아소 뽀가우 찌아찌아. 음보우 우까 미아노 찌아찌아 마카루루노 나꾸모니아 소 뽀가우 꼬레아 나마무타모 우까 나미깜뻬아타키히시에.

이사미 또꼬니에 아네 꼬사 까따 니따삐 이 라로노 까무수 나께헤 나투마네헤 민쪼아노 뽀따방노 빠리 마하나노 마이 뿌루노 뽀가우 꼬레 아. 또하쿠 우까 꼬사 까따 민쪼아노뽀 니꼬니마미 마이 찌아뽀 나찌부 키. 꾸마에노 아따방 수마라노 마이 또까포아사히시에, 나밈바리뽀 까 싱꾸이 아따방 까삐라뿌찌 미나 이 밈바리노뽀 바짜노 아따방 빠께노 까무수 나께헤. 삼바리에 따후마카가이에 티아하소 삐꼬까나하노 렘바 하노 에디시 니하코.

또하쿠 미아 후맘바사미 삐뿌꾸 미나 이 꼬네아띠노 마이 투마붕노

삐끼키, 삐히따아노 꼬사 까따, 삐마하나이아노 빠타이 따삐아노 까무수 나께헤. 삼티아니, 이사미 따모카또아소 따리마까시 티아하소 이기남, 전태현 사바이 파파노모 꼬네아띠노 빠까나하노 후루뿌노 뽀가우 찌아찌아, 이호영 마까나노 후루뿌노 뽀가우 찌아찌아. 따리마까시 우까 티아하소 김주원 마이 백두현 또하쿠노 두마부노 빤다빠띠 마이 삐끼키 이 라로노 빠까나하노 까무수 나께헤. 따리마까시 음뿌후 티아하소 앙고따 띰 이 라로노 빠까나하노 까무수 나께헤: 라 어데 자바루 빤데 미콤뿌노 다따, 라 아리, 모하맏 라시드 빤데 삐마하나이아노 뿌루노 뽀가우. 따리마까시 음뿌후 티아하소 훈민정음세계화재단, 원암문화재단 후맘바노 까타네헤 미나 이 따삐아노 빠타이 삐쩨따하노 까무수 나께헤. 따리마까시 우까 티아하소 김정숙 투마부노 까쭈롱이 마이 빠또코 이 삐꼬후메라하노 까무수 나께헤.

사바이 까찌뿌리노 뽀가우, 따리마까시 티아하소 앙고따 띰 삐넬비뜨 역락 마이 삼바리에 후맘바노, 모호리노뽀 니삐응에아 아따봐 민쪼 아노뽀 니삐응에아 마미 삼바리에 까꾸마나 마이 까반찌아 이사미 따뚜 마키마헤 마이 까사나하노 라로.

부기, 09-10-2021

빤데 부키

Pengantar Kata

Kamus Bahasa Ciacia Laporo - Indonesia- Korea ini dibuat sebagai kamus bagi yang ingin mempelajari bahasa Ciacia Laporo dan Bahasa Korea. Kamus ini pula dimaksudkan agar menjadi dokumen kosa kata Bahasa Ciacia Laporo. Dengan demikian kosa kata asli Bahasa Ciacia Laporo tidak akan hilang dan akan dapat dipelajari dari generasi ke generasi. Banyak orang Korea yang ingin mempelajari Bahasa Ciacia tetapi masih susah. Meski Bahasa Ciacia tulisannya diadaptasi dari Korea namun maknanya berbeda dan belum diketahui.

Keberadaan kamus Bahasa Ciacia Laporo - Indonesia - Korea ini untuk memudahkan orang Korea dalam mempelajari Bahasa Ciacia Laporo dan begitupula sebaliknya bagi orang Ciacia yang ingin mempelajarai bahasa Korea.

Kami menyadari bahwa kosa kata yang tersusun dalam kamus ini kemungkinan ada yang mempunyai arti yang kurang tepat baik dalam Bahasa Indonesia maupun Korea. Banyak pula kosa kata yang belum kami ketahui dan belum tertulis. Kritikan atau saran dari para pembaca ataupun pemakai atas kekurangan dan kekeliruan kamus ini sangat diharapkan. Kami akan dengan senang hati menerimanya untuk perbaikan edisi berikutnya.

Banyak sekali pihak yang telah membantu kami mulai dari yang berinisiatif sampai yang memberikan ide, pencarian kosa kata, pemaknaan sampai pada penyusunannya. Kami ucapkan terima kasih kepada Lee Kinam, Chun Taehyun selaku orang pertama yang berinisiatif dalam pembuatan Aksara Ciacia, Lee Hoyoung selaku peneliti dan perumus aksara Ciacia Laporo. Terima kasih juga kepada Kim Juwon dan Paek Doohyeon yang telah banyak membantu memberi masukan dan saran pada pembuatan kamus ini. Terima kasih banyak pula kepada anggota tim penyusun; La Ode Djabaru selaku pengumpul data, La Ali dan Mohamad Rasyid selaku alih bahasa. Dan Terima kasih pula kepada Hunminjeongeum Globalization Foundation dan Yayasan Budaya Wonam Korea yang membantu pendanaan dalam penyusunan dan pencetakan kamus ini. Selanjutnya terima kasih pula untuk Kim Jeongsook atas bimbingan dan bantuannya dalam revisi kamus ini.

Sebagai penutup, terima kasih kepada para anggota tim penerbit Youkrack serta semua pihak yang telah membantu baik yang telah disebut maupun yang belum. Segala kebaikan dan kritikan akan diterima dengan senang hati.

Bugi, 09-10-2021
Penulis

머리말

찌아찌아 라뽀코어 - 인도네시아어 - 한국어 사전은 한국어를 배우고 자 하는 사람들에게 참고 도서가 되는 사전입니다. 그리고 이 사전은 찌아찌아 라뽀코 사람들에게는 자신들의 말을 기록한 어휘 모음 자료집 이 됩니다. 찌아찌아어를 모아서 이렇게 기록해 두는 일을 계속한다면 찌아찌아 라뽀코 말이 사라지지 않고 다음 세대가 계속 배울 수 있게 될 것입니다.

많은 한국 사람들이 찌아찌아어를 배우고 싶어하지만 아직은 쉽지 않습니다. 찌아찌아어를 한글로 풀이해서 적었지만 한국어와 비교해 보면 낱말 뜻이 조금씩 다른 것이 있습니다.

찌아찌아 라뽀코어 - 인도네시아어 - 한국어 사전은 찌아찌아어를 배우고자 하는 한국 사람에게 도움이 될 뿐만 아니라 한국어를 배우고 자 하는 찌아찌아 사람에게도 도움이 됩니다.

이 사전에 실린 한국어뿐만 아니라 인도네시아어로 번역한 것도 잘못 된 부분이 있을 수 있습니다. 우리가 조사하지 못해서 이 사전에 싣지 않은 찌아찌아 라뽀코어 단어들이 많이 남아 있습니다. 앞으로 이 책을 읽는 분들이 어떤 비평이나 의견을 주시면 고맙겠습니다. 다음 개정판 을 낼 때 고치겠습니다.

이 책을 만들면서 좋은 생각을 많이 내어 주고, 단어 찾기, 뜻 알아보 기, 원고 작성까지 도와주신 분들이 많습니다. 찌아찌아 사람들이 한글 을 배울 수 있도록 애를 쓰신 원암문화재단 이기남 이사장님, 인도네시아어를 연구하시면서 찌아찌아 사람들의 한글 사용을 이끌어 주신 전태현 교수님께 감사 드립니다. 그리고 찌아찌아 라뽀코어를 조사하고 이 언어를 표기하기 위한 한글 전사법을 만드신 이호영 교수님께 감사드립니다. 이 사전을 만들기 위해 많은 조언을 해주신 김주원 교수님과 백두현 교수님께도 감사드립니다.

또한 우리 팀원들이 사전을 만들기 위해 음성 자료를 수집한 La Ode Jabaru, 수집한 자료를 번역한 La Ali와 Mohamad Rasyid에게 감사드립니다. 이 사전을 편찬하기 위한 활동비와 사전 발간 비용을 지원해 주신 훈민정음세계화재단과 원암문화재단에 깊이 감사드립니다. 교정을 지도해 주신 김정숙 사무총장님께 특별히 감사드립니다.

끝으로 이 사전을 만드는 데 도움을 주신 모든 분과 역락출판사 분들께 감사의 뜻을 전합니다. 앞으로 고쳐야 할 부분을 알려 주시거나 새로운 의견을 보내 주시면 기쁘게 받아들이겠습니다.

부기, 2021-10-09
사전편찬팀

압자띠 마이 에자하

1. 따삐노 삐뿌꾸사아 파파노 후루뿌 압자띠 (뽀쭈노 까따) 노삐뿌꾸 미나:

   ㅏ, ㅂ, ㅍ, ㅉ, ㄷ, ㅌ, ㅔ, 풍, ㄱ, ㅋ, ㅎ, ㅣ, ㅈ, ㄲ, ㄹㄹ, ㅁ, ㄴ, ㅇ, ㅡ, ㅃ, ㄹ, ㅅ, ㄸ, ㅜ, ㅸ, ㅑ, ㅿ

   따삐노 압자띠 나께헤 음바사 따삐노 후루뿌 라띤 사뱌이 니꼬니노 미아노 찌아찌아 마이 미아 모가우아소노 뽀가우 인도네시아 마이 삐포파이노 우까 뽀히따 마이 앒빠베드 비아사 음바사; a, b, bh, c, d, e, f …w x y z.
   티아하소 미아노 꼬레아 음부라모 노뽀사라이 따삐노 압자띠 마이 뽀가우 찌아찌아 타뽀 나후모꼬로 따삐노 압자띠 이 라로노 뽀가우 찌아찌아.

2. 에자아 또하쿠노 니빠께 하코 나뽀까나 마이 은두노 뽀가우 마라이오 인도네시아 노캉아니히시에 마이 은두노 꼬사 까따 뽀가우 찌아찌아 라뽀코 니빠께노 미나 이 만쭈아나 모렝오노.

3. 이 라로노 뽀가우 찌아찌아 타네헤 수아카 꼬응에아노 그로딸 스또 쁘, 자리 빠께이시에 따다 "ᅙ" 또부키에 이바보노. 하뱌리 따다 "ᅙ"

민쪼아노 앞사라 아따바 후루뿌노 뽀가우 찌아찌아, 하뱌뤼 파카카
니히시에 사뱌이 딴다 티아하소 짜라 웅에아하노 은두노 그로딿 스
또쁘.

　쫀또: - 에헤 /e-e/
　　　　- 마하 /ma-a/
　　　　- 쭈후 /cu-u/
　　　　- 호호 /ho-o/
　　　　- 모하빠 /mo-a-pa/

4. 아네 타네헤 까따 꼬하히라노 후루뿌 풀깚 노꼬하따 은두노, 자리
　후루뿌 풀깚 이아 또부키에 도보로 (쿠아 음빠렝아).

　쫀또: - 꼰두우 /kon-duu/
　　　　- 까카자아 /ka-gha-jaa/
　　　　- 꼬시이 /ko-sii/

5. 이 롸롶노 삐응에아하노 꼬사 까따 타네헤 나삐아 삐아 후루뿌, 찌아
　나뽀까나 하께 빠뤼 음바사 삐응에아하노 후루뿌 니빠께노 미아노
　꼬레아. 하뱌뤼 노호꼬로 은두노 수아카 니빠께노 미아노 찌아찌아
　롸뽀코.

　쫀또노: - "ㅍ" = /ph/, "ㅌ" = /th/, 이 롸롶노 뽀가우 꼬레아
　　　　　후루뿌 "h" 노름바 이 따뤼꾸, 하뱌뤼 이 롸롶노 뽀가

14

우 찌아찌아 후루뿌 "h" 노삐수아 이 라로.

- "ㅋ" = /kh/, 이 라로노 뽀가우 꼬레아 후루뿌 "h" 노림
바 이 따리꾸, 하바리 이 라로노 뽀가우 찌아찌아 후루
뿌 "ㅋ" = /gha/ 찌아 빠리 나루밈바 이 따리꾸.

6. 후루뿌 푤깔 "ㅡ" 찌아 나빠삐수아 사바이 따삐노 압자띠 이 라 로노
까무수 나께헤, 하바리 후루뿌 "ㅡ" 하비떼 노함바 삐웅에아하노
은두노 까따 미뿌꾸노 미나 이 후루뿌; 음, 은, 응 마이 까따 아가하노
니하라 미나 이 바하사 아가하노.

쫀또노: - 음베라이 /mbelai/
- 은다무 /ndamu/
- 응오이 /ngoi/
- 프레꾸엔시 /frekuensi/
- 그로딸 /glotal/

ABJAD DAN EJAAN

1. Susunan huruf abjad (kepala kata) mulai dari:

   ㅏ, ㅂ, ㅍ, ㅉ, ㄷ, ㅌ, ㅔ, ㆄ, ㄱ, ㅋ, ㅎ, ㅣ, ㅈ, ㄲ, ㄹ, ㅁ, ㄴ,
   ㅇ, ㅗ, ㅃ, ㄹ, ㅅ, ㄸ, ㅜ, ㅸ, ㅑ, ㅿ

   Urutan abjad ini disusun seperti urutan aksara latin sebagaimana lebih dikenal oleh penutur bahasa Ciacia atau penutur bahasa Indonesia dan susunan pengucapannya juga mirip dengan alfabet biasa seperti a, b, bh, c, d, e, f ...w x y z

   Bagi penutur bahasa Korea karena mempunyai urutan / susunan abjad yang berbeda dengan bahasa Ciacia diharapkan dapat menyesuaikan dengan susunan abjad yang ada dalam bahasa Ciacia.

2. Ejaan yang banyak dipakai hampir sama dengan bunyi bahasa melayu Indonesia ditambah dengan bunyi kosa kata bahasa Ciacia Laporo yang dipakai oleh orang tua terdahulu.

3. Dalam bahasa Ciacia banyak terdapat pengucapan seperti bunyi glottal stop maka diberi tanda "ㅎ" dengan cara ditulis diatasnya. Namun tanda "ㅎ" bukanlah bagian dari aksara/huruf abjad Ciacia karena hanya penambahan simbol lafal seperti bunyi glottal stop yang dimaksud.

Contoh: - 에헤 /e-e/
         - 마하 /ma-a/
         - 쭈후 /cu-u/
         - 호호 /ho-o/
         - 모하빠 /mo-a-pa/

4. Jika ada kata yang berakhiran vokal dan berbunyi panjang, maka huruf vokal akhir tersebut ditulis dobel.

Contoh: - 꼰두우 /kon-duu/
         - 까카자아 /ka-gha-jaa/
         - 꼬시이 /ko-sii/

5. Di dalam penyebutan kosa kata ada beberapa huruf, tidak sama persis seperti penyebutan huruf oleh orang Korea. Tetapi mengikuti bunyi bahasa yang dipakai oleh orang Ciacia Laporo.

Contoh: - "ㅍ" = /ph/, "ㅌ"= /th/, di dalam bahasa Korea huruf "h" ia keluar di luar, Tetapi di dalam bahasa Ciacia huruf "h" ia masuk ke dalam.

- "ㅋ" = /kh/, di dalam bahasa Korea huruf "h" ia keluar di luar, Tetapi di dalam bahasa Ciacia huruf "ㅋ" = /gha/ dan huruf "h" tidak terlalu keluar di luar.

6. Untuk huruf vokal "ㅡ" tidak masuk dalam urutan abjad dalam kamus ini tetapi huruf "ㅡ" hanya membantu melafalkan bunyi seperti 음, 은, 응. dan kata-kata serapan yang diambil dari bahasa lain.

쫀또노: - 음베롸이 /mbelai/
          - 은다무 /ndamu/
          - 응오이 /ngoi/
          - 프레꾸엔시 /frekuensi/
          - 그로딻 /glotal/

글자와 철자법

1. 글자 순서

ㅏ, ㅂ, ㅍ, ㅉ, ㄷ, ㅌ, ㅔ, ㆄ, ㄱ, ㅋ, ㅎ, ㅣ, ㅈ, ㄲ, ㄹ, ㅁ, ㄴ,
ㅇ, ㅗ, ㅃ, ㄹ, ㅅ, ㄸ, ㅜ, ㅸ, ㅑ, ㅿ

> * 이 순서는 찌아찌아어 발음 식으로 배열한 것이다. 이 발음 순서
> 는 a, b, bh, c, d, e, f ... w, x, y, z 라는 인도네시아 영문
> 알파벳 순서와 비슷하다. 찌아찌아어 발음의 배열 순서는 한국인
> 이 쓰는 한글과 글자 순서가 다르다. 이 사전에서 정한 배열 순서
> 에 적응할 수 있기 바란다.

2. 이 사전에 실은 찌아찌아 라뽀코어의 발음은 인도네시아 믈라유어
소리와 거의 비슷하다. 옛날에 믈라유어를 자주 쓰던 노인들이 믈라
유어의 영향을 받아 찌아찌아 라뽀코어의 발음에 추가된 소리가
있다.

3. 찌아찌아어에서 단어 끝이 폐쇄음으로 끝나는 것이 많기 때문에 "ㅇ"
라는 글자를 붙였다. 그렇지만 이것은 찌아찌아어 글자에 포함되지
않는다. "ㅇ" 은 단지 해당 폐쇄음만 발음하는 기능을 한다.

보기: - 에헤 /e-e/
- 마하 /ma-a/
- 쭈후 /cu-u/
- 호호 /ho-o/
- 모하빠 /mo-a-pa/

4. 어떤 단어가 받침이 없이 모음으로 끝나고 그 소리가 길다면 표기법
에 해당 모음을 두 번 쓴다.

보기: - 꼰두우 /kon-duu/
- 까카자아 /ka-gha-jaa/
- 꼬시이 /ko-sii/

5. 찌아찌아 라뽀코 사람이 한국어를 말할 때, 몇 가지 발음은 한국인이
말하는 발음과 차이가 있다. 그렇지만 찌아찌아 라뽀코 사람이 그
발음을 비슷하게 따라 할 수 있다.

예: - ㅍ=/ph/, ㅌ=/th/, 한국어에서 h 소리는 밖으로 나간다.
찌아찌아어에서 h 소리는 안으로 들어간다.
- ㅋ=/kh/, 한국어에서 h 소리는 밖으로 나간다. 찌아찌아
어에서 ㅋ = /gha/를 발음하면 h 소리는 별로 밖으로 나가
지 않는다.

6. 'ㅡ'은 이 사전에서 글자 순서에 포함되지 않는다. 'ㅡ'은 단지 음,

은, 응 같은 소리를 도와주는 발음이다. 그리고 다른 외래어가 있을 경우에 이 글자가 사용되기도 한다.

보기: - 음블라이 /mbelai/
      - 은다무 /ndamu/
      - 응오이 /ngoi/
      - 프레꾸엔시 /frekuensi/
      - 그로딿 /glotal/

꼬사 까따

꼬사 까따 찌부키노 이 라로노 까무수 나께헤 노미나 이 꼬사 까따
니빠께노 미아노 찌아찌아 라뽀코 피따 피따. 타네에 우까 꼬사 까따
니하라 미나 이 까판찌 모렝오.

꼬사 까따 아가하노 노미나 이 뽀가우 마라이오 인도네시아 아네
찌아뽀 나투마네헤 이 뽀가우 찌아찌아 마이 노찌모네아하소모 노찌빠
께 피따 피따.

꼬사 까따 이스띠라 투마네헤노 이 라로노 까무수 나께헤 노찌가가
키, 하비떼 몬떼라노 니빠께 피따 피따 아따봐 이스띠라 미나노 이 뽀가
우 인도네시아 모네아노 니빠께 이 뽀가우 가우아.

KOSA KATA

Kosa kata yang tersusun dalam kamus ini berasal dari kosa kata yang dipakai oleh orang Ciacia Laporo dalam kehidupan sehari hari. Ada juga kosa kata yang diambil dari bahasa sastra Ciacia lama.

Kosa kata yang lain diadaptasi dari bahasa melayu Indonesia jika ia belum ada dalam bahasa Ciacia namun sudah terbiasa dipakai dalam kehidupan sehari hari.

Kosa kata istilah yang ada dalam kamus ini sangat terhitung, Hanya yang sering dipakai dalam kehidupan sehari hari atau istilah yang berasal dari bahasa Indonesia yang sering dipakai dalam percakapan.

단어

 이 사전에 나온 단어는 찌아찌아 라뽀코 사람들이 일상 생활에서 쓰는 단어이다. 그리고 오래된 찌아찌아 문학 언어에서 쓰인 단어도 있다.

 일상 생활에서 자주 쓰지만 찌아찌아 라뽀코어에 아직 없어서 인도네시아 믈라유어에서 빌려서 쓰고 있는 단어를 실은 것도 있다.

 이 사전에 실은 어휘의 수는 그다지 많지 않지만 평소에 자주 쓰는 단어를 실었다. 그리고 인도네시아어에서 빌려 쓰고 있는 어휘도 이 책에 실었다. 이 단어들은 찌아찌아 라뽀코 사람들의 대화에서 자주 쓰이는 것들이다.

바따시 마이 까따랑아

바따시 마이 까따랑아 마하나노 까따 찌아 나또하쿠, 하뷔떼 빠타이 마하나노 뽀쭈노 꼬사 까따 마이 노호꼬로헤 아나노 꼬사 까따 마카루루노 까캉카니 꼬응에아노 "아뱌란 마이 아히란" 뚜마뱌. 꼬후라노 까따랑아 아네 노타네헤 꼬사 까따 찌아찌아 민쪼아노 투마네헤노 이 라로노 뽀가우 꼬레아.

까무수 나께헤 민쪼아노 까무수 잃미아 아따뱌 까무수 엔식로뻬디아, 하바뤼 까무수 비아사 티아하소 미아 또아쿠 마이 노세데르하나 빠뤼. 찌아 타네헤 까따랑아 꼬하따 마이 쫀또노 까뤼마뜨 찌아 우까 나또하쿠.

따삐노 마하나노 까따 아따뱌 까따랑아 아네 이 라로노 아메아 까따 타네헤 노또하쿠 마하나노 빠께히시에 앙까 ❶, ❷, ❸. 뽀쭈 마이 아나노 까따 모까빠 부키노. 아네 타네헤 까따 잇띠라 뽀가우 찌아찌아 민쪼아노 투마네헤노 이 라로노 뽀가우 꼬레아 삐마하나이아노 이 뽀가우 꼬레아 꼬후라 까따랑아. 타네헤 우까 나삐아 삐아 쫀또 까뤼마뜨 티아하소 나미꼰따레아하소 마하나노 뽀가우 또하라헤 미나 이 뽀가우 몬떼라노 니빠께 피따 피따.

BATASAN DAN KETERANGAN

Batasan dan keterangan makna kata tidak banyak, Hanya sampai pada makna kepala kosa kata dan diikuti anak kata yang memerlukan tambahan yang disebut "awalan dan akhiran" yang tepat. Yang berupa keterangan jika ada kosa kata Ciacia yang tidak ada dalam bahasa Korea.

Kamus ini bukanlah kamus ilmiah atau kamus ensiklopedia, tetapi kamus biasa untuk umum dan sangat sederhana. Tidak ada keterangan atau penjelasan panjang termasuk contoh kalimat juga sangat sedikit.

Urutan makna kata atau keterangan jika dalam sebuah kata memiliki lebih dari satu makna, diurut dengan angka ❶, ❷, ❸. Kepala kata dan anak kata ditulis tebal. Jika ada kata istilah Bahasa Ciacia yang tidak ada dalam Bahasa Korea, pemberian makna dalam bahasa Korea berupa keterangan. Ada pula beberapa contoh kalimat dimaksudkan untuk memperjelas makna bahasa yang diambil dari bahasa yang sering dipakai sehari hari.

수록 단어의 범위

이 사전에 실린 단어의 수는 그리 많지 않고, 뜻풀이도 자세하지 않다. 적절한 접두사와 접미사 같은 접사를 붙인 어근까지 작성하였다. 그리고 경우에 따라서는 한국어로 설명한 단어가 몇 가지가 있다.

이 사전은 찌아찌아어의 모든 단어를 풍부하게 실은 사전이 아니라 아주 간략하게 줄여서 일부 단어만 실은 사전이다. 그리고 모든 단어마다 구체적인 설명과 예문이 주어져 있지 않다.

표제어가 몇 가지 다른 뜻을 가지고 있는 경우에 이것을 ❶, ❷, ❸ 등을 사용하여 뜻을 구별해 표시하였다. 어근과 접사를 쓸 때는 굵은 글씨로 나타냈다. 찌아찌아어 용언에 대해서는 그 단어의 뜻을 한국어로 설명한 경우도 있다. 또한 일상 생활에 자주 쓰는 말에 대해서는 뜻을 이해할 수 있도록 예문도 같이 보여 주었다.

딴다 딴다

(,)   까로호노 까따 뽀히따노 마아나.

(;)   까로호노 마하나 마이 아나노 까따.

(▷)   딴다노 마하나노 아나노 까따.

TANDA-TANDA

(,)   Pemisah kata yang bermakna sama.

(;)   Pemisah makna dengan makna anak kata.

(▷)   Penunjuk makna anak kata.

부호의 뜻

(,)   쉼표는 다른 뜻을 가진 단어를 분리하는 표시이다.

(;)   쌍반점은 서로 뜻이 다른 경우를 분리하는 표시이다.

(▷)   어근의 뜻을 표시한다.

따삐 마이 우루따노
뽀쭈 마이 아나노 꼬사 까따

뽀쭈노 까따 노호꼬로 따삐노 후루뿌 알빠베뜨 뽀가우 찌아찌아, 뽀
호리 따삐노 아나노 까따 음보우 이 뵤쿠:

1. 뽀쭈노 까따
2. 까따 니뻰두아 미나 이 뽀쭈노 까따
3. 찌-
4. 까-
4. 꼬-
5. 빠-, 삐빠-
6. 삐-, 삐까-
7. 뽀-
8. 까카카니노 아가하노: -아, -아소, -에 -키, -이, 이시에, -끼, -삐,
   -뷔, -뷔시

29

SUSUNAN DAN URUTAN
KEPALA DAN ANAK KATA

Kepala kata mengikuti susunan huruf alfabet Bahasa Ciacia kemudian susunan anak kata sebagai berikut:

1. Kepala Kata.
2. Kata berulang dari kepala kata.
3. 찌-
4. 까-
4. 꼬-
5. 빠-, 삐빠-
6. 삐-, 삐까-
7. 뽀-
8. Tambahan lainnya: -아, -아소, -에 -키, -이, 이시에, -끼, -삐, -비, -비시

어근과 접사 배열 순서

찌아찌아어의 어근과 접사의 배열 순서는 다음과 같다.

1. 어근
2. 어근의 반복되는 단어
3. 찌-
4. 까-
4. 꼬-
5. 빠-, 삐빠-
6. 삐-, 삐까-
7. 뽀-
8. 기타: -아, -아소, -에 -키, -이, 이시에, -끼, -삐, -빙, -빙시

아

아반따카 - sebentar

잠시, 잠깐, 순간.

압자띠 - abjad

문자, 알파벳.

아부 - sisa makanan yang jatuh ke lantai

음식 찌꺼기.

아부 아부 - warna abu-abu

회색.

아짜라 - acara

일정, 행사, 의제.

아찌호 - bersin

재채기하다.

아다띠 - adat

습관; 꼬하다띠 (beradat, sopan)▷습관이 있다.

아디뢰 - adil

공정한, 합법적인; 아디뢰에 (mengadili) ▷판결하다, 조사하다; 까하디뢰 (keadilan) 정의; 뼁아디란

(pengadilan)▷법정, 법원.

아타 - meminjam

빌리다; 빠하타아소 (meminjamkan)▷ 빌려주다; 삐까하타 (meminjam)▷빌리다.

아타키 - mengajar

가르치다; 까하타키 (ajaran,nasehat)▷ 강의.

아테테 - aduh

아이고 (감탄사).

아티하이 - tidak tahu

모르다.

아에부 - rasa malu

창피, 수치.

아가하 - sebagian, kadang-kadang

일부분, 가끔.

아가마 - agama

종교; 아가마 이스쁨 (agama islam)▷이슬람교.

아게 - agen

지점, 대리점.

아기우 - lain lain, aneh, berlainan
뚜렷한.

아고키 - cepat-cepat
빠른, 급속한, 빨리; **뽀하고키**
(menyelesaikan sesuatu dengan
cepat)▷빠르게 하다.

아고이 - merampas
빼앗다, 강탈하다; **뽀하고이** (baku
rampas)▷서로 빼앗다.

아굿뜻 - bulan agustus
8월.

아카 - arak
술.

아카바아 - hari rabu
수요일.

아카부 - arab
아라비아.

아하디 - hari minggu
일요일.

아흐뤼 - ahli
전문가, 숙련가.

아히라띠 - akhirat
내세, 저승.

아이 - adik
동생; **아이 아이 모하네** (adik laki-laki)
▷남동생; **아이 아이 모비네** (adik

perempuan)▷여동생; **아이 아이 베헤**
(adik tiri)▷의붓동생.

아이테 - sedikit
조금, 약간, 좀; **아이테뽀** (hampir, sedikit
lagi) 조금 더 하다; 거의; **아이테 아이테**
(sedikit-sedikit)▷조금씩.

아이노 하지 - bulan muharam
이슬람력의 1월.

아이노 마루두 - bulan rabiul awal
이슬람력의 4월.

아이뽀 - mungkin
가능한, 있을 법한, 아마.

아자 - azan
기도를 하도록 외치는 소리(이슬람교에
서는 고음과 저음이 조화를 이루는 인간
의 목소리에 리듬을 넣어 잠에 취해 있는
사람, 멀리 있는 사람에게 예배시간을 알
린다)

아자이뿌 - ajaib
이상한, 놀라운.

아자카 - kuda
말 (동물의 이름).

아자짜 - ajal
수명, 임종.

아주단 - ajudan
부관, 조수.

아까 - kakak

형, 오빠, 누나, 언니; **아까 아까** (lebih tua, kakak)▷형제.

아깐똥아 - separuh, setengah
절반.

아까꽈 - akal, pikiran
지혜, 사고; **꼬하까꽈** (berakal, berbohong)▷❶ 지적인, 영리한 ❷ 거짓 말하다.

아끼 - ❶ teriakan ❷ aki
❶ 지르는 소리; **삐하끼 아끼** (berteriak -teriak)▷소리를 지르다 ❷ 배터리.

아끼끼테 - sedikit
조금; **아끼떼** (sedikit sekali)▷아주 적 다.

앆시 - aksi
활동, 해동.

아꾸아리움 - akuarium
수족관.

아꽈 - ambil, mengambil
잡다, 취하다, 얻다; **아꽈하소** (mengambilkan)▷갖다 주다; **찌하꽈** (terambil)▷가지다; **마꽈헤** (yang ambil)▷가지고 가는 사람; **뽀하꽈** (baku ambil)▷서로 가져가다.

아꽈마띠 - ❶ alamat ❷ tanda, pertanda
❶ 주소 ❷ 표시, 기호.

아꽈무 - alam

세계, 자연, 천연.

아꽈빠아 - kesalahan
잘못, 실수.

앓붐 - album
앨범, 사진첩.

아뻬아소 - biar
허락하다, 괜찮다.

아쩰기 - alergi
알레르기.

아뤼무 - alim
현명한, 경건한.

아로 - ❶ hari ❷ kenduri, tahlilan
❶ 낮, 날; **아하로** (sehari)▷하루; **사하로 헤** (seharian)▷하루 종일; **수수키 아로** (setiap hari)▷매일 ❷ 종교적인 제례, 제사; **삐하로** (mengadakan acara kenduri/tahlilan)▷제사를 지내다.

아룸니 - alumni
(학교, 대학의) 졸업생.

아마 - ayah
아버지; **아마 뿌사마우** (paman)▷아저 씨, 숙부; **아마 베헤** (ayah tiri)▷의붓아 버지.

아마꽈 - amal
행위, 행동, 선; **아마꽈하소** (mengamalkan)▷실행하다, 적용하다.

아마니 - aman

안전한, 평화로운.

암베 - buka, membuka

열다, 벗다, 풀다; **찌함베** (terbuka)▷열린; **삐함베**(membuka, mengeluarkan) ▷열다.

암부란 - ambulans

구급차.

아메아 - satu

(1), 하나, 일; **삐하메아** (menyatu)▷하나가 되다, 통일되다; **빠삐하메아헤** (menyatukan)▷통합시키다.

아민 - amin

아멘.

암빠 - ranjau dari bambu

대나무 창.

암빠렝아 - sekali

한 번, 한 차례; **암빠렝아노뽀** (nanti kali lain)▷다음에; **암빠렝아 비떼** (sekli saja)▷한 번만; **삐함빠렝아** (sekaligus) ▷다 한꺼번에.

암빠시 - ampas

쓰레기, 폐물.

암뻬 - mengapung

뜨다, 떠다니다; **삐함뻬 암뻬** (mengapung apung)▷이리저리 떠다니는; **빠함뻬헤** (mengapungkan)▷띄우다.

암쁘라시 - amplas, mengamplas

사포, (사포로) 닦다.

암쁘로뿌 - amplop

봉투; **삐함쁘로뿌** (mengamplop)▷봉투에 넣다.

아나 - anak

어린 아이; **아나 모하네** (anak lelaki perjaka)▷미혼 남자; **아나 웅까에루** (anak yatim)▷고아; **아나 뿌사나무** (keponakan)▷사촌; **아나 시꼬롸** (anak sekolah)▷학생.

아나카까아 - susah, setengah mati, sengsara

어렵다, 반 죽겠다; **빠하나카까아** (menyengsarakan)▷고통을 주다.

아나꼬다 - nakhoda

선장, 함장.

아나삐사 - analisa, menganalisa

분석, 분석하다, 분해하다.

안짜 - insang ikan

아가미; **꼬한짜** (mempunyai insang)▷아가미가 있다

안다 안다 - tempat penyimpanan barang pada panggung Ciacia

찌아찌아 전통 집에 있는 물건 보관소.

안데아 - teman

친구; **뽀한데아** (bermain dengan

teman)▷친구와 같이 놀다.

안데하이 - tidak tahu

모르다.

아네 - ❶ jika, kalau ❷ anai-anai

❶ 만약 ~이면 ❷ 흰개미.

아누 - anu

아무 아무개, 무엇무엇, 알지 못하는 사람.

안따기 - tunggu, menunggu

기다리다, 대기하다; **안따 안따기** (menunggu nunggu)▷기다리고 있다; **뽀한따 안따기** (saling menunggu)▷서로 기다리다.

안따카 - angkasa

하늘, 창공;

안따카하 - ruang angkasa

창공.

안뜨리 - antre, mengantre

줄, 행렬, 줄지어 서다.

아누 - anu

아무 아무개, 무엇 무엇, 알지 못하는 사람.

앙고따 - anggota

회원, 구성원.

앙구루 - anggur

포도.

앙까 - ❶ merangkak ❷ nilai, angka

❶ 기어가다; **삐항까 앙까** (mulai berjalan)▷기어가다 ❷ 숫자, 부호.

앙까따하소 - menghormati

존경하다, 존중하다; **뽀항까따하소**(saling menghormati)▷서로 존경하다; **니항까따하소** (yang dihormati)▷존경하는.

앙께 - angkat, mengangkat

들어 올리다, 집어 올리다; **앙께 앙께** (membopong) ❶ 칭찬하다 ❷ 반복해서 들어올리다; 앙께아소▷들어주다; **찌항께** (terangkat)▷높이 올려진; **까항께** (alat pengangkat)▷받침대.

앙꼬 앙꼬 - berjalan berliuk-liuk

(갈대) 고개를 끄덕이다.; **삐항꼬 앙꼬** (berjalan dengan berliuk-liuk)▷걸어가면서 고개를 끄덕이다.

앙꾸 - menimba

퍼내다, 긷다; **삐항꾸** (menimba)▷퍼내다, 긷다.

앙꾸 앙꾸 - alat pencabut bulu

털 뽑는 도구.

아오 - tali (dari tumbuhan)

식물의 실.

아오시 - rintihan

신음; **삐하오시** (merintih)▷신음하다, 끙끙거리다; **삐하오 아오시** (merintih rintih)▷신음하다, 끙끙거리다.

아빠 - tikar

매트; **아빠 꾸에** (tikar rotan)▷등나무
매트.

아빠라빠 - seperempat

4 분의 1.

아빨떼멘 - apartemen

아파트.

아뻬뻬 - ❶ buah apel ❷ berkumpul

❶ 사과 ❷ 회합하다.

아뻬 - api

불.

아쁘릴 - April

4월.

아쁘띡 - apotek

약국.

아뿌 아뿌 - sore hari

오후, 저녁; **소하뿌아** (menjelang senja)
▷오후 늦게.

아레 - ❶ pisau(arit), sabit ❷ are

❶ 낫; **삐하레** (menyabit)▷낫으로 자르
다 ❷ 아르 (100평방미터).

알시떽 - arsitek

건축가.

알띠시 - artis

예술가.

아사 아사 - sama-sama

같이, 함께; **뽀하사 아사** (bersama-

sama, bersamaan)▷같이, 연속적인.

아사끼 - menghantam

세차게 치다, 때리다, 강타하다; **뽀하사
끼** (saling menghantam)▷서로 세차
게 치다, 서로 때리다.

아시 아시 - mengelus-elus

쓰다듬어 주다, 애무하다.

앗찌 - asli

원본.

아소 - menjual

팔다; **찌하소**(terjual)▷팔린; **빠카하소**
(berjualan)▷팔다; **빠카하소아** (jualan)
▷팔 것, 상품.

앗라마 - asrama

기숙사.

아수 - mengambil sesuatu dengan cara
menggenggam

손으로 덜어내다; **삐하수** (mengambil
dengan cara mengggenggam)▷손으
로 ~을 덜어내다.

아수란시 - asuransi

보험, 보증.

아따바 - atau

또는, 혹은.

아또로 - atur, mengatur

정돈하다, 조정하다.

아우 - anjing

개.

아우바루 - awal

시초의, 시작.

아바시 - awas, mengawasi

감독(감시)하다, 돌보다.

아베 - nazar

열망하다, 바라다; **아베노 쫘로** (nazar, dambaan hati)▷자기가 약속하다; **삐하베 아베** (mendamba-dambakan)▷ 열망하고 있다, 바라다.

아베따 - sebelah

반, 한쪽 (측); **뽀베따** (bersebelahan)▷ 면하다, 향하다.

아비 아비 - beruraian

머리를 풀어헤치다; **빠하비 아비** (mengurai-urai)▷머리를 풀어헤치다; **삐하비 아비** (berurai-urai)▷머리를 풀어헤치는.

아야띠 - ayat

(코란의) 구절.

바

바아 - liter

리터 (수량); **아 바아** (satu liter)▷일리
터.

바부 - budak

가정부, 노예; **빠바부** (memperbudak)
▷노예로 취급하다, 노예로 만들다.

바짜 - baca, membaca

읽다; **바짜하** (bacaan)▷읽기; **바짜하소**
(membacakan)▷읽어주다.

바게 - bagi

나누다; **바게아** (bagian)▷몫, 분배; **바게
바게** (bagi-bagi)▷~을 나누다; **찌바게**
(terbagi)▷나뉘다.

바고에아 - galau, gundah

불안한, 침착치 못한.

바카하똬 - berhala

조상, 동상.

바카삐똬 - orang yang tidak tetap

pedirian, suka kemana-mana
야생의, 거친, 야만의.

바카까띠 - berkat

축복; **까바카까띠** (keberkatan)▷축복이
있다.

바캉까똬 - jika demikian

그러면.

바카세세 - banyak bicara sambil marah

다투다, 대소동을 만들다.

바하이아 - bahaya

위험; **꼬바하이아** (berbahaya)▷위험한.

바꾸루 - bakul

바구니.

바똬 - balak kayu

나무 그루터기.

바똬아 - bala, kwalat

재난; **꼬바똬아** (kena bala, kwalat)▷
재난이 있다.

바랑꼬 - blangko

텅빈.

바똬뿌 - balap

질주, 경주; **빠바똬뿌** (mengemudi

dengan cepat, ngebut)▷ 빨리 운전하다.

바짜시 - balas, membalas
응답하다, 대답하다; **바짜시아소**
(membalaskan)▷ 대답해 주다.

바뻬호 - baliho
게시판, 광고판.

반도 - bando
머리 밴드.

반찌 - ❶ meremehkan ❷ banci
❶ 경멸하다, 모욕하다; **까반찌아**
(dianggap rendah)▷ 모욕, 굴욕, 수치, 억울, 경멸 ❷ 여장 남자

바니 - ❶ ban ❷ bank
❶ 바퀴 ❷ 은행.

방꾸루 - bangkrut
파산.

바라 - barang
물건; **바라 바라** (barang-barang)▷ 물건들; **꼬바라** (mempunyai banyak barang)▷ 물건이 많다.

바라니 - berani
용감한, 용기있는; **까바라니** (keberanian)▷ 용감, 용기.

바리시 - baris, lajur
줄, 열, 행진하다.

바따 - bata

벽돌.

바따꼬 - batako
벽돌.

바따시 - batas, membatasi
경계, ~에 테를 두르다, ~에 울타리를 두르다.

바떼레이 - baterai
배터리.

바또오 - beton
콘크리트.

베아싯바 - beasiswa
장학금.

베바코 - gombrang, kebesaran
(pakaian)
매우 헐거운.

베바시 - bebas
자유로운; **빠베바시** (membebaskan)▷ 자유롭게 하다.

베베 - bebek
오리.

베짜 - becak
베짜 (승객용 3륜 자전거); **삐베짜**
(mencari uang dengan menarik becak)▷ **베짜를** 태워주고 돈을 벌다.

베데 - bedeng
간이막사; **삐베데** (membuat bedeng)▷ 간이막사를 만든다.

베로 - belok, berbelok

돌다; 베로아 (belokan)▷커브 길; 빠베
로 (membelokan)▷방향을 바꾸다; 삐
까베로 베로 (berjalan dengan
membelok-belok)▷꾸불꾸불한.

베모 - bemo

모터로 가는 베짜(삼륜승합차).

벤다하라 - bendahara

회계원.

벤데라 - bendera

기, 국기; 띠아노 벤데라 (tiang bendera)
▷깃대.

벤디 - bendi

마차.

벤둥아 - bendungan

둑, 댐.

벤떼 - benteng

요새.

벵께뻬 - bengkel

차 오토바이 수리 센터 (수선소).

베시 - besi

철, 쇠.

베시바라니 - besi berani, magnet

자석.

브로수루 - brosur

브로서, 광고지.

비아사 - biasa

보통의

비카히 - birahi

사랑에 빠진 정열.

비나사 - binasa

파괴된, 일소된, 훼손된; 빠비나사
(membinasakan)▷파괴하다, 근절시키
다.

비나따 - ❶ binatang ❷ makian

❶ 동물, 짐승, 가축 ❷ 욕, 욕설.

빙까이 - bingkai

가장자리, 테두리.

비사 - bisa

독, 독약; 꼬비사 (berbisa)▷독약이 있
다.

비사카 - berbicara

토론하다, 협의하다.

비시꼬에 - biskuit

비스킷.

비우수 - bius

마취된, 실신한; 삐비우수 (membiusi)▷
마취시키다.

보코 - bor, mengebor

송곳, 드릴; 삐보코 (mengebor)▷드릴
을 하다.

보코보까 - seperti hewan penuh dekil

불결한, 더러운.

보꾸 - buku

책; **보꾸 감바라** (buku gambar)▷그림
책.

보무 - bom, mengebom

폭탄, 폭발하다.

보누수 - bonus

보너스.

보롱아 - borongan

도매; **삐보롱아** (memborong)▷매점하
다 (많이 사다); **뿜보로** (pemborong)▷
계약자, 청부인.

보로수 - bolos

결석하다.

보또 - bunyi letusan

폭발, 파열; **꼬보또** (meletus)▷폭발하
다, 터지다; **빠꼬보또** (meletuskan)▷폭
발하다, 터지다.

부부 - bubuk

가루, 분말; **꼬부부** (berbubuk)▷가루가
있다.

부부똬 - membuka mata

눈을 뜨다.

부부시 - menuang air (mengenang
leluhur)

무덤에 물을 주다; **삐부부시** (menuang
air untuk mengenang leluhur)▷제
사를 지내다.

부쭈 - singgah, lewat

머무르다, 들르다; **부쭈바** (persinggahan)
▷일시적인 **체재지**, 기항지; **부쭈비**
(menyinggahi)▷~을 들르다, 잠깐 머물
다.

부다 - agama budha

불교.

부에 - mengayun

흔들리다; **부에 부에**(mengayun-ayun)
▷아기를 흔들다; **까부에** (ayunan)▷그
네; **삐부에 부에** (berayun-ayun)▷흔들
거리다.

부에아 - buaya

악어.

부카 - bedak

분 (화장품); **삐부카** (memakai bedak)
▷분을 바르다.

부케케 - permukaan luka berair

상처가 심한.

부키 - tulisan, menulis

쓰기, 쓰다, 글; **찌부키** (tertulis)▷쓰인,
써 있는; **까부키아** (alat tulis)▷문구; **꼬
부키** (bertinta, mempunyai tulisan)
▷글이 있다.

부코꼬우 - burung tekukur

산비둘기의 일종.

부코또 - nyamuk

모기.

부쿠쭈 - hewan kotor
더러운 동물.

부후 부후 - gundukan
언덕.

부꾸 - tulang
뼈; **부꾸노 파쩨** (lidi)▷야자의 엽맥; **꼬
부꾸 ❶** (bertulang)▷뼈가 있다 ❷ (kuat)
▷힘센.

부꾸아 - rajin
부지런한, 열심인; **까부꾸아** (kerajinan,
keuletan)▷참을성, 인내력.

부꾸띠 - bukti
증거, 증명; **부꾸띠아소** (membuktikan)
▷증거시키다; **꼬부꾸띠** (mempunyai
bukti)▷증거가 있다.

부램바 - belang
소팍 (피부병 이름).

부롸바 - emas
금; **꼬부롸바** (mempunyai emas)▷금
이 있다.

부로로 - bunyi gelembung
물방울; **삐부로 부로로** (bergelembung)
▷물방울이 나오다.

부로로이 - mengerumuni
~에 꽉 들어차다, 붐비다.

분찌시 - sayur buncis
콩.

분도 - datang
오다; **분도아** (kedatangan)▷도착; **분도
아소** (datang dengan membawa)▷가
지고 오다; **분도비시** (mendatangi)▷방
문하다; **까분도아소** (oleh-oleh)▷선물,
기념품.

분또우 - hutan
숲.

분뚜 - buntu
막힌.

붕아 - bunga uang
의자 (은행); **꼬붕아** (berbunya)▷의자
가 있다.

붕까 - sejenis kepiting
게.

붕까쩨 - membuka penutup/tirai
열다, 벗기다.

붕꾸 - bongkok
등이 굽은.

붕꾸시 - membungkus
포장하다; **까붕꾸시** (pembungkus)▷포
장함.

부루 - buruh
노동자, 근로자.

부세 - meghalau gembalaan
(집에서 나가다) 몰아내다.

부수 - meninju

치다, 때리다; **까부수** (pukulan tinju)▷
타격; **뽀부수** (baku tinju)▷서로 때리다.

부수꽈 - menancapkan
깊숙이 박다; **찌부수꽈** (tertancap dalam
tanah)▷깊숙이 박힌.

파

파파 - ❶ ikatan beberapa tangkai sayur
❷ gagap
❶ 끈, 줄, 실; 아 파파 (satu ikat)▷한 끈
❷ 말을 더듬다.

파파노 - awalnya
처음의, 최초의.

파페 - meliuk
구부리다, 굽히다; 삐파페 파페(meliuk
-liuk)▷구부리고 있다; 뽀파페(berliuk
-liuk)▷이리 저리 구부리다.

파피시 - mengibaskan
채찍을 휘두르다; 까파파시 (pemukul,
pengibas)▷채찍.

파쭈 - peluru
총알, 탄환.

파쭈아 - ❶ budak ❷ sial, apes
❶ 노예, 하인 ❷ 불행.

파쭈하부 - tanah bercampur kapur,
berwarna abu abu
카르스트 지형 땅; 석회땅.

파티 - ❶ benci, tidak suka ❷ badik
❶ 싫어하다, 좋아하지 않다 ❷ 바딕 (칼
의 종류).

파티삐 - bedil
대포, 포.

파에 - beras, nasi, padi
쌀, 밥; 파에 모테아 (beras merah)▷빨
간 쌀; 파에 뿌루 (beras pulut)▷찹쌀;
삐파에 (bertani padi)▷모를 심다.

파가 - pipi
뺨.

파카 - ❶ barat ❷ tanda tanya
❶ 서쪽 ❷ 이상하게 여기다, 의아해 하
다, 의심하다; 삐파카 파카 (bertanya-
tanya)▷의심하다, 망설이다.

파카가우 - hati-hati, awas
(memperingatkan)
경고하다, 조심시키다.

파키가우 - guna-guna, santet
주문, 마법; 삐파키가우 (mengguna-

guna)▷주문을 외다, 마법을 걸다.

파코아 - bermain

~을 가지고 놀다, (악기를 연주하다); **삐
파코 파코아** (bermain-main)▷농담을
하다, 장난하다.

파구뤼 - kelereng

(어린이들의) 공기돌; **삐파구뤼** (bermain
kelereng)▷공기돌을 하다.

파호 - memandikan

목욕시키다, 목욕시켜 주다; **까파호**
(penyucian dosa, penebusan dosa)▷
마술의 물; **삐파호** (mandi)▷목욕하다,
샤워하다; **삐파호아** (pemandian,
tempat mandi)▷목욕탕, 욕실.

파주 - baju

옷, 블라우스; **삐파주** (memakai baju)▷
옷을 입다; **파주 시꼬롸하** (baju sekolah)
▷교복; **파주 까우수** (baju kaos)▷티셔
츠.

파꾸 - telur yang tidak dapat menetas

부화할 수 없는 계란.

파롸끼 - ikan tongkol

참치.

파롼자 - berbelanja

비용, 쇼핑하다; **파롼장이** (membelanjai)
▷~에 자금을 공급하다, 융자하다.

파뢍아 - periuk belanga

솥, 항아리.

파롸세 - tempat makanan yang terbuat
dari anyaman daun mangka
봉지

파롸시 - ❶ menukar ❷ membelah kayu

❶ 돈을 바꾸다 ❷ 나무를 찍다, 나무를
쪼개다; (membelah-belah kayu) **삐까
파롸시**▷나무를 찍다.

파뻬 - ❶ pucuk ❷ berumur panjang,
makmur.

나무의 어린 이파리; **꼬파뻬**

❶ mempunyai pucuk, berakhir)▷어
린 이파리가 생겼다 ❷ 번영하는, 부유한,
번창하는.

파뢰 - musuh, memusuhi

(시합의) 적수, 상대방, 적; **파뢰에**
(memusuhi)▷~에 대항하다, ~와 대립
하다; **뽀파뢰** (bermusuhan)▷경쟁하
다. 서로 싸우다.

파뢰히 - merubah

바꾸다, 변경하다, 변화시키다; **삐파뢰히**
(berubah)▷변하다, 변화되다.

파뢰마따 - silat mata

요술, 마술.

파뢰사 - gelisah

신경이 과민한, 침착하지 못한, 걱정하
는; **삐파뢰 파뢰사** (bergelisah-gelisah)

▷걱정(근심)하다.

파로 - ❶ menjawab ❷ (sejenis) bambu
❶ 대답하다, 답변하다; **까파로**
(jawaban) ▷응당, 답변, 응수; **뽀파로**
(saling menjawab)▷서로 답장하다 ❷
대나무 종류

파로부 - cangkir sayur
그릇.

파로끼 - menakik
꿰뚫다; **까파로끼** (takikan)▷꿰뚫은 곳.

파로뻬 - rebung
(대나무 따위의) 새싹.

파롱까 - sejenis mentimun
오이 일종.

파롱꼬 - lubang (jalan/tanah)
구멍; **까파롱꼬사** (jalan/tanah yang
berlubang)▷움푹한 곳.

파루 - ❶ membeli ❷ mantan
❶ 사다, ❷ 이전의 (남편, 아내); **뻬파루**
파루(menjanda/menduda)▷과부가 되
다, 혼자 되다.

파루꽈 - punuk
껍질.

파롱이 - mengkafani
수의로 싸다; **까파롱이** (kain kafan)▷
(시체를 싸는) 수의.

팜바리시 - ramalan tentang kehidupan

운의 예언, 운명의 예보.

파나 - helai
실.

파나까 - berak
배변하다; **삐파나까** (berak)▷배변하다;
파나까찌 (memberaki)▷~에 배설하다.

판찌 - menyindir
~에 넌지시 알려주다, ~에 암시하다; **뽀**
판찌 (saling menyindir)▷서로 넌지시
알려주다; **까판찌** (sindiran)▷암시; **삐**
까판찌 (memberi sindiran)▷넌지시
알려주다, 암시하다.

판쭈 - pemalas
게으른

판쭈아뻬 - membalik
곤두박질하다; **삐까판쭈아뻬** (terbalik)
▷곤두박질.

판쭈뻬 - kembali
돌아가다, 돌아오다; **찌판쭈뻬** (terbalik)
▷뒤집힌, 전복된.

판쭈루 - menjual kembali
(거래상의) 중개인; **빤데 판쭈루**
(tengkulak)▷(거래상의)중개인, 브로커.

판다 - sakit-sakitan, penyakitan
몸이 아프다; **삐판다 판다** (sakit- sakitan)
▷몸이 자주 아프다.

판떼아 - pondok, gubuk

오두막, 작은 집.

팡아사 - kepanasan

너무 더운.

팡까 - ❶ merendam ❷ perahu kayu

❶ 적시다, 담그다 ❷ 나무로 만든 배,

팡께 - bangkai, jenazah

시체, 송장.

팡꼬 - kursi kayu

나무로 만든 의자.

팡꾸투 - buah mengkudu

멩꾸두, 노니 (과일 이름).

팡우 - ❶ bangun ❷ mendirikan

❶ 일어나다 ❷ 세우다, 짓다.

파사카뿌 - berkat, mempunyai bekat

축복, 축복받다.

파사까 - rakus

탐욕스러운, 욕심이 많은, 게걸스럽게 먹는.

파따 - ❶ merebahkan ❷ hitungan unit buku

❶ 와지끈 부서지다, 넘어지다, 기울다; 찌파따 (tumbang, rebah)▷와지끈 부서지는 ❷ (책) 권.

파딴다하 - batanda, tarian Ciacia

찌아찌아의 춤.

파웅이 - mengenang kembali

생각해 내다, 기억하다, 회상하다; 찌파

웅이 (terkenang kembali)▷머리에 떠오르다.

파바 - ❶ mengantar, membawa ❷ bawang

❶ 가지고 가다(오다), 데려가다, 동반하다, 동행하다; 찌파바 (terbawa)▷가지고 가게 된다 (수동태); 파바하소 (membawakan)▷갖다 주다; 뽀파바 (jalan bersama)▷같이 가다 ❷ 파; 파바 모테아 (bawang merah)▷양파; 파바 모뿌떼 (bawang putih)▷마늘.

페아 - hilang ingatan, tidak bisa bicara

벙어리; 페아 페아 (orang yang tidak waras, hilang ingatan)▷벙어리; 삐페아 페아 (sudah tidak mengingat apa-apa)▷생각할 수 없다, 말이 없는.

페페 - pukul, memukul

때리다, 치다; 찌페페 (terpukul)▷타격되어진; 까페페 (pukulan)▷❶ 망치, 해머 ❷ 한 번 저음, 저어 나감, 일격; 뽀페페 (baku pukul)▷서로 때리다.

페케끼 - melubangi sesuatu dengan pisau

살짝 자르다; 찌페케끼 (terlubangi)▷살짝 잘린.

페코 - melambaikan tangan memanggil, mengibas

흔들다; **페코 페코** (melambai-lambai, mengibas-ngibas)▷손으로 흔들어 신호하다; **까페코 페코** (alat pengibas, kipas)▷프로펠러; **삐페코 페코** (berlambai-lambai, berkibas-kibas)▷손으로 흔들어 신호하다.

페까 - kucing

고양이.

페라 - nadi

맥박.

페라이 - ❶ melukai ❷ memulai pekerjaan baru

❶ ~에 상처를 주다, ~에 부상을 입히다: **까페라** (luka)▷상처, 부상, 손해 ❷ 새로운 일을 시작하다; **까페라이** (batu pertama bangunan rumah)▷착공.

페레 - memiringkan, miring

비스듬하게 놓다, 기울게 하다; **찌페레** (miring)▷기운, 비스듬한, 기울어진, 경사진; **삐페레 페레** (sesuatu dalam kondisi miring)▷기운, 비스듬한, 기울어진, 경사진; **빠페레** (memiringkan)▷기울게 하다.

페로 - hiasan

무늬; **꼬페로** (mempunyai hiasan)▷무늬가 있다.

펨바 - rabas, merabas

베어내다, 치워 없애다, 길을 열다; **까펨바카** (rabasan)▷벌목한 것; **삐펨바** (merabasi)▷길을 열다, 개척하다.

펨베 - ❶ kambing ❷ tolol, dungu

❶ 염소 ❷ 부딪다, 충돌하다; **찌펨베** (terbentur)▷충돌된, 충돌하다.

페나 - bersinar

(빛을) 방사하다, 빛을 발하다(나타내다); **까페나하** (penerangan)▷(빛 따위를) 밝힘, 조명.

페네이 - menerangi

밝혀주다, 밝게 하다; **까페네이** (alat penerang)▷(빛 따위를) 밝힘, 조명.

페누 - sabuk kelapa

야자의 껍질.

펭까라 - melangkah

걷다, 걸음을 옮기다; **까펭까라** (langkah)▷보폭, 걸음.

페떼 - retak

금이 간, 결함; **까페떼** (retakan)▷균열.

피피 - gemetar, menggigil

떨다, 몸서리치다, 전율하다, 벌벌 떨다.

피피또 - kilat

번개; **꼬피피또** (muncul kilat)▷번개가 있다.

피쭈 - memberi

주다, (~하게) 해주다.

피킹아 - cairan dari terlinga (sakit telinga)

귓병; **꼬피킹아** (sakit telinga yang mengeluarkan cairan)▷귀가 아플 때 나오는 액체

피자 - mau, ingin

원하다, 희망하다; **빠피자** (menghasut) ▷자극하게 하다.

피꾸 - siput

달팽이.

피꾸 피꾸 - mata kaki

발목.

피라따 - sisa makanan

음식 찌꺼기.

피뢰 - ❶ otot ❷ bonggol kayu

❶ 근육; **꼬피뢰** (berotot)▷근육이 있다; **꼬피뢰 피뢰** (badan berotot dan kekar)▷근육이 많다 ❷ 나무마디.

피롬바 - belang

반점; 줄무늬; **꼬피피롬바** (berbelang-belang)▷줄무늬가 있다.

핀두 - menghunus pedang/pisau

(칼 따위를) 뽑다, 꺼내다, 뽑아내다.

피니 - menjewer

꼬집다; **피니 또렝아** (menjewer telinga)▷귀를 꼬집다.

핀떼 - sejenis jin

귀신 (일종의).

피사 - dukun

무당; **삐까피사** (praktek dukun)▷무당을 하다, 무당에게 가다,

피우 - cibir

입을 비쭉거리다; **피우 피우**(mencibiri) ▷경멸하여 입을 삐쭉거리다; **삐피우 피우** (sesuatu seperti bibir mencibir)▷경멸하여 입을 비쭉거리고 있다.

포아사 - menyatakan, mengatakan

말하다, 이야기하다; **포아사하소** (menyatakan sesuatu)▷말하다, 이야기하다.

포파 - ❶ pintu ❷ mulut

❶ 문 ❷ 입.

포포 - cium, mencium

뽀뽀하다; **빠포포** (menciumkan)▷뽀뽀해주다; **뽄포포** (berciuman)▷서로 뽀뽀하다.

포포세 - pundak

어깨.

포토 - semangka

수박.

포쭈끼 - memutuskan

결정하다, 확정하다; **까포쭈끼** (keputusan)▷결정, 결론.

포키 - menggaris, memutuskan suatu

perkara

줄을 긋다; **까포키** (patokan,
ketentuan)▷선, 줄; **까포키아** (garis
patokan)▷자.

포까 - ❶ mekar ❷ besaran/jumlah
uang untuk aturan adat

❶ (꽃이) 피다; **포까아노 빠자카** (fajar
menyingsing)▷꼭두새벽 ❷ 풍습, 관
습, 규칙에 대한 금액.

포께 - mengikat

묶다, 매다; **찌포께** (terikat)▷묶인; **까포
께** (ikatan)▷묶는 것; **아포께** (satu ikat
▷한 묶음.

포꼬뢰 - meninggalkan

남기다, 두고 가다; **찌포꼬뢰**
(tertinggal)▷두고 오다, 빠뜨리고 오다;
뽀포꼬뢰 (bercerai, berpisah)▷갈라지
다, 나뉘다, 헤어지다.

포꾸 - denyut, detak jantung

예감.

포롸 - ❶ berhasil ❷ kena, mengenai

❶ 맞다, 명중하다, 관통하다 ❷ 잘 된.

포로 - menuang

엎지르다, 쏟은; **찌포로** (tertuang)▷엎
지르는.

포로시 - ❶ mengganti, menukar
❷ membalas

❶ 바꾸다, 대신하다; **찌포로시**(terganti)
▷바꿔다; **까포로시** (pengganti)▷대신,
대체; **뽀포로시** (bergantian)▷서로 교
환하다, 번갈아서; **뽀포 포로시** (berganti-
gantian)▷교대로 ❷ 복수하다.

포루 - kue bolu

볼루 (과자 이름).

폼보 - membumbung

불이 활활 타오르다.

폰쭈 - kayu waru

폰쭈 (나무 이름).

폰데 - ❶ melayang ❷ tempat makan
yang terbuat dari buah maja

날다, 날아가다; **삐폰데 폰**(melayang-
layang)▷날아가고 있다 ❷ 마자 열매로
만들어진 도시락통.

퐁까 - membelah

쪼개다, 찢다; **까퐁까** (belahan)▷갈라진
틈, 갈라진 금.

퐁까카 - membongkar

힘주어 열다, 헐다, (에서)짐을 내리다; **찌
퐁까카** (terbongkar)▷벗겨진, 노출된.

퐁오 - ❶ awam ❷ pendengaran kurang
jelas

❶ 바보; **퐁오 퐁오** (seseorang yang
awam)▷과묵한 사람; **까퐁오 퐁오**
(orang awam)▷조용한 사람, 말이 적

은; **빠카퐁오 퐁오** (pura-pura awam)▷
무시하다 ❷ 귀가 들을 수 없는.

포세 - ❶ dayung, mendayung ❷ pergi
ke daerah lain, merantau
❶ 노, 노를 젓다 ❷ 외국으로 나가다, 출
국하다.

포수 - periuk/tempat air yang terbuat
dari tanah
찰흙, 점토로 만든 물통.

포따하 - tertawa
웃다; **포따니끼** (mentertawai)▷~을 듣
고(보고) 웃다; **뻬포따 포따하** (tertawa-
tawa)▷비웃음.

포또 - membungkus
포장하다; **까포또** (pembungkus,
bungkusan)▷포장함, 싸는 것.

짜

짜헤아 - cahaya

빛; **꼬짜헤아** (barcahaya, bersahaja)▷
빛나다; **꼬짜 짜헤아** (sangat bersahaja)
▷반짝 빛나다.

짜마 - camat

면장.

짬바 - cambang

구레나루; **꼬짬바** (bercambang)▷구레
나룻이 있다.

짜무 - mengecap

짭짭; **삐짜무 짜무**(mengecap-ngecap)
▷짭짭 먹다.

짬뿌라 - campuran

섞임, 믹스.

짠디 - candi

사원.

짱끼리 - cangkir

잔, 컵.

짱꼬 - cangkok

자른 가지, 지맥; **짱꼬까** (cangkokan)▷

지맥; **삐짱꼬** (mencangkok)▷가지를
자르다, 꺾꽂이하다, 지맥하다.

짜뿌 - tahi lalat

점, 반점; **꼬짜뿌** (mempunyai tahi
lalat)▷점이 있다.

짜라 - cara

방법, 방식.

짜라마 - ceramah

연설, 강연.

짤떼레 - carter, mencarter

렌트하다.

짜뚜루 - catur

장기 (인도네시아식); **삐짜뚜루** (main
catur)▷장기를 두다.

쩨케 - cerek

주전자.

쩨끼 - cek

체크.

쩨렝아 - celengan

저축통.

쩨메 - ceme
카드게임 (도박).

쩽께 - cengkeh
정향.

제레게니 - jerigen
기름통.

쩨따 - cetak, mencetak
인쇄, 출판; 삐쩨따 (mencetak)▷인쇄하
다, 출판하다.

찌아 - tidak
~ 아니다, ~ 하지 않다.

찌암 - habis, tidak ada lagi
끝난, 다 써버린, 떨어진.

찌아쁘 - belum
아직 ~하지 않다.

찌빠 - ❶ kena, mengenai ❷ satuan
lembar papan
❶ ~을 당한, ~을 맞은 ❷ 벌채한 나무그
루의 그루터기.

찌판쭈뻬 - terbalik
뒤집힌.

찌찌 - menyusu, tetek, payudara
유방; 꼬찌찌 (mempunyai payudara)
▷유방이 있다; 빠찌찌 (menyusui)▷~
에게 젖을 먹이다.

찌따 - patok batas
전답 넓이의 규격.

찌카호 - terlanjur
괜히, 너무하다.

찌키 - tetesan air hujan
새는 구멍, 똑똑 떨어지다; 찌키삐
(menetesi)▷~에 똑똑 떨어지다.

찌까 - tanam, menanam
뿌리는 것, ~을 심다; 삐찌까
(menanam)▷~을 심다, 재배하다.

찌까삐 - hilang
사라진, 없어진, 잃어버리다.

찌께헤 - itu
그것, 저것.

찌끼 -memukul dengan jari, mengetuk
손가락 마디로 때리다; 뽀찌끼 (saling
mengetuk)▷서로 손가락 마디로 때리
다.

찌꼬루 - telur
계란, 달걀; 삐찌꼬루 (bertelur)▷알을
낳다.

찌따 - cila
눈썹 펜.

찌뻬 - vagina
여자의 성기.

찌마카 - timah
주석.

찜방이 - timbang, menimbang
무게를 달다, 저울로 재다; 까찜방이

(timbangan)▷저울, 천칭.

찜부쿠 - timur

동, 동쪽; 삐찜부쿠 (bercocok tanam pada musim timur)▷우기에 농사를 짓다.

찜빠 - gigi taring

송곳니.

찜삐 - miring

기운, 비스듬한, 기울어진.

찐다 - jelas

명백한, 명확한, 분명한; 빠찐다 (memperjelas)▷명백하게 하다, 분명하게 하다.

찐다롸 - menyuruh

명령하다, 시키다, 지시하다; 찐다롸하 (orang suruhan)▷배달하는 사람; 뽀찐다롸 (undangan)▷초대하는 사람.

찐찡아 - mengangin-anginkan

말리다; 삐찐찡아 (mengangin-anginkan pakaian)▷~을 말리다.

찐도이 - menancap tiang penyangga tempat merambat tanaman

쪽을 깊숙히 박다; 까찐도이 (tiang penyangga tanaman)▷대나무 쪽.

찌노로 - mustika

보석, 귀금속.

찡까하 - petinggi adat

원로.

찡꾸루 - menurun

따라서 내려가다; 찡꾸루바사 (penurunan) ▷내리막길; 찡루비시 (menuruni, turun mengambil)▷~을 찾으러 내려가다.

찌빠쩨꼬 - kaki terkilir

팔목 따위를 삐다.

찌삐리꾸 - jelek (tidak sesuai bentuk yang semestinya)

움푹 들어가다, 푹 파이다.

쪼베 - cobek

(양념 따위를 가는 데 쓰는) 도기, 주발.

쪼쪼 - cocok

잘 어울리다, 알맞다; 빠쪼쪼 (mencocokan)▷맞추다.

쪼꼬롸띠 - coklat

초콜릿.

쪼꾸 - cok, mencok

전기 플러그.

쪼삐 - copet, mencopet

소매치기하다.

쪼로 - ❶ cor, mencor ❷ corong

❶ 섞다 (건축물); 쪼로아 (pengecoran) ▷섞는 과정 ❷ 깔때기.

쭈아짜 - cuaca

날씨.

쭈부 - puncak, bagian atas

정상, 꼭대기.

쭈포 - menokong

받치다, 내려앉지 않게 지탱하다; **까쭈포** (penokong)▷지주, 버팀목.

쭈쭈 - ❶ kutu ❷ menumbuk

❶ 이, 벼룩; **꼬쭈쭈** (berkutu)▷이가 있다; **뻬히따 쭈쭈** (mencari kutu)▷이를 찾다 ❷ 갈다, 빻다; **쭈쭈끼** (menumbuki) ▷갈다; **뻬쭈쭈** (menumbuk)▷갈다, 빻다.

쭈쭈쿠 - kue cucur

부톤의 전통 과자.

쭈쭈니 - menyusul di belakang

뒤따르다, 뒤쫓다; **뽀쭈쭈니** (beriringan) ▷서로 뒤따르다.

쭈타 - menjengkal

뼘, 뼘으로 재다; **까쭈타** (jengkal)▷뼘; **아쭈타** (satu jengkal)▷한 뼘.

쭈타이 - menjolok

찌르다, 이쑤시개로 하다; **까쭈타이** (penusuk, tusuk gigi)▷이쑤시개; **뻬쭈타이** (menjolok)▷~을 이쑤시개로 하다.

쭈킹아 - ikan tuna

참치.

쭈쿠 - betah, menurut

적응하다, 복종자.

쭈이 - menunjuk

가리키다; **찌쭈이** (terpilih)▷가리키는; **까쭈이** ❶ penunjukan▷지시, 지적, 표시 ❷ jari telunjuk (집게) 손가락; **뽀쭈이** (saling menunjuk)▷서로 가리키는

쭈까 - cuka

식초.

쭈라 쭈라 - cerita

기사, 이야기, 전설; **뻬쭈라 쭈라** (bercerita)▷전설을 이야기하다.

쭈롱이 - menolong

돕다, 도와주다; **까쭈롱이** (pertolongan) ▷지원, 지지.

쭈마 - hama kecil

작은 이, 작은 벼룩.

쭘부 - ❶ tinju, meninju ❷ tumbuh

❶ 치다, 때리다; **까쭘부** (pukulan tinju) ▷때리는 것; **뽀쭘부** (saling meninju)▷서로 때리다 ❷ 자라다, 성장하다.

쭘뻬 - anak pertama

첫 번째 아이; **쭘뻬 모하네** (anak laki-laki pertama)▷장남.

쭘뽀 - memotong

자르다; **까쭘뽀** (parang)▷칼, 단도; **까쭘뽀아** (potongan)▷조각, 일부분.

쭘뿌 - bertumpu, menumpu

기대다, 의지하다, 받치다, 지탱하다.

쭈나 - bertunas

싹 (식물).

쭌다 - menyumpahi

선서(맹세)시키다; **까쭌다** (sumpah)▷
맹세, 맹서, 선서; **삐쭌다**(bersumpah)▷
맹세하다.

쭈누 - membakar

태우다; **찌쭈누** (terbakar)▷태우는; **깐
쭈누** (sesuatu yang dibakar)▷태우는
것.

쭝꾸 - menundukan kepala

머리를 숙이다; **빠쭝꾸** (menundukan
ke bawah)▷머리를 숙이게 하다; **삐쭝
꾸 쭝꾸** (menunduk-nunduk)▷고개
숙여 절하다.

쭈따 - ilmu santet

마법, 요술; **쭈따헤** (menyantet)▷마법
을 걸다; **뽀쭈따** (saling menyantet)▷
서로 마법을 걸다.

쭈띠 - cuti

휴가.

쭈후 - lutut

무릎.

다

다두 - dadu
주사위.

다끼끼 - kiasan
언급; **삐다끼끼** (berbahasa kiasan)▷
언급하다.

다뽀로 - menggonggong
(개가) 멍멍; **삐다뽀로**(menggoggong-
gonggong)▷(개가) 멍멍짖다.

다루비 - lemak, selulit
지방, 지육.

다메 - mendamaikan
평화; **빠다메** (mendamaikan)▷평화를
회복시키다.

다나 - dana
증여, 기증, 기부.

단다 - dandang, panci kukus
솥; **삐단다** (mengkukus)▷솥으로 음식
을 요리하다.

다시 - dasi
넥타이; **꼬다시** (berdasi)▷넥타이가 있

다; **삐다시** (memakai dasi)▷넥타이를
매다.

다따 - data
데이터, 자료; **삐다따** (mendata)▷데이
터를 찾다; **삐다따하** (pendataan)▷자료
수집.

데띠끼 - detik
초(시간).

데사 - desa
마을, 시골; **데사 데사** (pedesaan)▷마을
에 관련된.

디네시 - dinas
관청, 부, 과.

도아 - doa
기도; **삐도아** (berdoa)▷기도하다; **삐도
아하소** (mendoakan)▷기도해 주다.

도보로 - dobel, berulang
두 곱의; **삐도보로** (berulang-ulang)▷
곱절로 하다.

도도 - gagap

말을 더듬다.

도도로 - kue dodol

도돌(부톤의 과자 이름).

도에 - uang

돈; **꼬도에** (mempunyai uang)▷돈이
있다; **까도에 도에** (uang-uangan)▷돈
(장난감).

도꾸 - ❶ dok ❷ denyut

❶ 선창, 선거 ❷ 고동, 진동; **삐도꾸 도꾸**
(bedenyut-denyut)▷뻥하고 소리 나다.

도랴라 - dolar

달러.

돔바 - domba

양.

돔뻬 - dempet

지갑.

도니아 - dunia

세상, 세계.

도노로 - donor

증여, 기부; **빤데 도노로** (pendonor)▷
기증자.

동에 - mitos, dongeng

동화.

동우 - denyut jantung

두근두근; **삐동우 동우** (berdenyut-
denyut)▷두근두근거리다.

도로무 - drum

드럼.

도사 - dosa

죄; **꼬도사** (berdosa)▷죄를 짓다.

도세 - dosen

교수.

도수 - kardus

상자.

두꾸 - buah dukuh

두꾸 (과일 이름).

두리아 - durian

두리안.

두루하까 - durhaka

반항하는, 반란하는.

두수 - dusun (tanaman)

농장 (식물이 자라는 곳)

타

타타 - gugup

겁을 먹은, 당황하는, 전전긍긍하는

타타삐 - anting-anting

귀걸이; **꼬타타삐** (punya anting)▷귀걸이가 있다; **삐타타삐**▷(memakai anting) 귀걸이를 걸다.

타티 - ❶ umur ❷ hidup, kehidupan

❶ 나이; **꼬타티** (panjang umur)▷나이를 먹다 ❷ 살아있는, 생존한, 삶, 인생.

타가 - tamu

손님, 방문자; **삐타가** (bertamu)▷방문하다, 찾아가다.

타게 - daging

고기, 살; **타가노 마누** (daging ayam)▷닭 고기.

타하 - memotong dahan pohon

나뭇가지를 쳐서 다듬다; **삐타하** (memotong-motong dahan pohon) ▷나뭇가지를 쳐서 다듬다.

타꾸 - bunyi (benda berbenturan)

떨어지는 소리 (물건의); **꼬타꾸** (berbunyi)▷떨어질 때 소리 나다; **삐타꾸 타꾸** (berbunyi berulang-ulang)▷소리가 나다.

타짜까 - siasat, trik

핑계; **꼬타짜까** (mempunyai siasat)▷말을 얼버무리다.

타짜빠 - forum

포럼, 공개토론.

타마 - bambu kecil/buluh

작은 대나무.

탐바 - piara, asuh

사람이나 가축을 키우다; **탐바이** (mengasuh, memelihara)▷돌보다, 간호하다, 시중들다; **까탐바이** (asuhan, piaraan)▷치료; **뽀탐바** (saling mengasuh, saling memelihara)▷서로 돌보다, 서로 키우다.

탐빠 - mencari-cari sesuatu

찾다; **탐빠하소** (sedang mencari

sesuatu)▷잃어버린 물건을 찾다; **삐탐빠 탐빠** (mencari-cari sesuatu)▷흠잡다, 찾아내다.

타나 - alang-alang
들띠(사초), (갈.짚) 풀; **타나 웅꾸꾸** (padang ilalang)▷초원.

탄다 - mengkaitkan, berkaitan
연결시키다; **뽀탄다** (saling berkaitan) ▷연결된, 끈으로 이은; **뽀탄다 탄다** (berkait-kaitan)▷이어진, 연결된

탄도 - tempat nasi dari anyaman rotan
등나무로 만든 큰 밥통.

타네헤 - ada
있다; **빠타네헤** (mengadakan)▷개최하다, 거행하다.

탕꼬 - tua renta
아주 늙은.

탕꾸 - membentur
충돌시키다; **찌탕꾸** (terbentur)▷충돌되다; **뽀탕꾸** (berbenturan)▷서로 충돌하다.

타오아 - pasar
시장; **뽀타오아** (berjual beli)▷매매; **뽀타오아하** (jual beli)▷상업.

타빠 - ❶ terlalu mendesak ❷ menangis keras
❶ 몸부림치다, 버둥거리다; **꼬타빠**

(bunyi benda yang terjatuh)▷물건의 떨어지는 소리 ❷ 크게 울다; **삐타빠 타빠** (menangis keras)▷몸부림치다, 많이 크게 울다.

타뽀 - nanti
그 후, 이후, 나중에.

타뿌카 - tungku
난로, 화덕.

타부 - ❶ memberi ❷ bagian
❶ 주다; **타부아소** (memberikan kepada)▷~에게 주다; **까타부** (pemberian)▷선물; **뽀타부** (saling memberi, membagi)▷서로 나누다; **뽀타부 타부** (saling berbagi)▷서로 주고받다 ❷ 몫, 분배.

타부아 - keberuntungan
운명; **꼬타부아** (beruntung)▷운명이 있다, 운이 좋다.

테테 - ❶ mencari sesuatu ke berbagai tempat ❷ jeritan rasa sakit
❶ 땅과 식물을 부수다, 농작물을 망치다 ❷ 신음하다; 끙끙거리다.

테꼬 - bunyi yang terjadi pada persendian
관절에서 나는 소리 (몸).

테빠 - gelepak
날개 짓; **꼬테빠** (menggelepak)▷날개

를 치다; **삐테빠 테빠** (menggepak-gelepak)▷반복하여 날개를 치다.

테우 - jarum

바늘, 침; **까테우** (jahitan)▷바느질; **삐테우** (menjahit)▷바느질하다.

티에 - iris, mengiris

얇게 썰다; **티에 티에** (mengiris-iris)▷많이 얇게 썰다; **삐티에** (mengiris)▷잘라내다.

팀바 - jawab, menjawab

대답하다; **까팀바** (jawaban, pasangan)▷짝, 쌍, 파트너; **아까팀바** (sepasang)▷한 쌍, 응답, 답변, 응수; **쁘팀바** (saling mejawab)▷서로 대답하다, 어느 쪽으로도 기울지 않는.

팅끼 - bersinggungan

손가락으로 툭 건드리다; **쁘팅끼** (saling bersinggungan)▷서로 손가락으로 툭 건드리다.

토토 - memotong (daging,tali)

자르다; **삐토토** (memotong)▷잘라내다.

토쿠아 - 2 (dua)

(2), 둘, 이

토까 - sangat kehausan

목이 마른 상태인.

토꾸 - meneguk, menelan

마시다, 삼키다; **찌토꾸** (tertelan)▷마시는.

토라 - ❶ cengeng ❷ merambat (tumbuhan)

❶ 구슬피 울다 (울보) ❷ 기어오르다, 퍼지다.

토레 - guling

굴러 넘어지다; **찌토레** (terguling)▷굴러 떨어진; **삐까토레 토레** (terguling-guling)▷굴러 넘어지다.

토뢰 - mengguling

돌다, 뒤집다; **찌토뢰** (terguling)▷뒤집히다.

토로 - berguling

굴러 넘어지다.

토로마 - gelap, tidak ada cahaya bulan

어둡다; **토로마옴뽀** (gelap gulita)▷칠흑같이 어두운.

토미 - domino

도미노 카드게임.

톰빠 - mengiris, memotong (makanan)

쪼개다, 분할하다 (음식)

톰뽀 - tempat menyimpan sesuatu yang terbuat dari anyaman bambu.

대나무로 만든 바구니.

토무 - gubuk, tempat berteduh

(논 따위에 비를 피하기 위해 세운) 오두

막.

톤다 - merentang memanjang

일렬로 늘어서다.

톤다키 - laron

날개 흰 개미.

통까 - mencungkil (batu)

올려진; **통까찌** (mencungkil naik)▷
들어올리다; **찌통까찌** (dapat tercungkil)
▷이미 풀려난.

토삐 - papan

판, 판자, 합판.

토뿌 - jolok, menjolok

끝으로 찌르다, 찔러 박다; **까토뿌**
(penjolok)▷찔러 박는 지팡이; **삐토뿌**
(menjolok)▷찌르다.

토사 - utang

빚; **꼬토사** (berutang)▷빚이 있다; **꼬토
사 토사** (banyak utang)▷빚이 많다; **삐
토사** (mengutang)▷빚을 지다.

투투 - bertunas

싹이 트다, 싹이 나기 시작하다.

투빠 - dupa

향, 향내, 향료.

에

에아 - tangga

계단, 사다리.

에헤 - air

물; **에헤 모빠나** (air panas)▷뜨거운 물;
에헤 모틴디 (air dingin)▷차가운 물; **꼬
에헤** (berair)▷물이 있다.

에자 - eja, mengeja

철자, 철자를 말하다.

에롸 - lidah

혀.

에롸끼 - menjilat

핥다; **삐헤롸끼** (menjilati)▷~을 핥다.

에뻬아 - saudara

가족; **꼬헤뻬아** (mempunyai saudara)
▷가족이 있다; **삐헤뻬아** (pergi
membantu pesta keluarga)▷가족을
도와 주다; **뽀헤뻬아** (memiliki
hubungan keluarga)▷가족과 관계가
있다.

에뻬 에뻬 - meledek-ledek

조롱하다, 우롱하다; **에뻬 에뻬이** (meledek-
ledeki, memancing-mancing)▷조롱
하다, 약올리다. 우롱하다.

엠베레 - ember

물통.

엔쩨뻬 - engsel

경첩.

엔데 - ubun-ubun, dahi

이마.

엥우 엥우 - menggangu-ganggu,
meledek

놀리다, 우롱하다, 괴롭히다.

에뿌 에뿌 - kue epu-epu

카사바로 만든 촘브로 (간식).

에시 - es

얼음; **에시 기림** (es krim)▷아이스크림.

에바 - meronta, melawan

반대하다; **에방이** (melawani)▷경쟁하
다, 반대되다; **뽀헤방이** (baku lawan)▷
서로 반대하다; **에방아** (alat baku

pukul)▷무기, 병기, 총.

에보 - ombak

파도; **꼬헤보** (berombak)▷파도가 있
다.

퐈

파벨 - fabel
　(동물을 사람에 비긴) 우화.

퐊신 - vaksin
　백신, 종두.

퐊시나시 - vaksinasi
　예방접종.

파나뛰 - fanatik
　열광적인, 광신적인.

퐈시 - fasih
　유창한, 거침없는.

퐈리아시 - variasi
　변화, 변동.

퐈뜨봐 - fatwa
　권고, 답변 (이슬람 율법사의).

펜띠롸시 - ventilasi
　통풍.

페리퓌까시 - verifikasi
　확인, 조회.

펫띠퐐 - festival
　축제.

퓌뜨나 - fitnah, memfitnah
　중상, 비방, 비방하다, 중상하다.

퓔만 - firman
　(신의) 말씀, 명령.

퓌시까 - fisika
　물리학.

포깔 - vokal
　모음을 나타내는 문자.

포넴 - fonem
　음운.

폴맢 - formal
　형식을 갖춘.

폴무뢸 - formulir
　법식, 서식.

포또 - foto
　사진; 삐포또 (berfoto)▷사진을 찍다.

포또 꼬삐 - fotokopi
　복사.

프락시 - fraksi
　당파, 파벌.

프레꾸엔시 - frekuensi

횟수, 도수, 빈도.

가

가하 - memisahkan
분리하다, 떼어놓다, 해결하다, 가르다;
뽀가하 (berpisah)▷ 분리된, 멀어진; **빠**
뽀가아▷ 분리하게 하다.

가하찌 - menyisihkan sebagian
가르다, 매다, 절단하다.

가하키 - meninggalkan
떠나다; **가하키에** (meninggalkan tempat/
sesuatu)▷ 남기다, 떠나다.

가바 - gabah
껍질이 제거되지 않은 벼.

가티 - hewan yang sudah tua
(전문용어) 늙은 동물.

가가 - menyangkal
거절하다, 거부하다; **삐가가**(menyangkal)
▷ 거절하다, 거부하다.

가가키 - ❶ menghitung ❷ bulan
Sya'ban
❶ 계산하다, 셈하다; **찌가가키**(terhitung)
▷ 계산된; **까가가키** (hitungan)▷ 계산,

셈; **삐가가키** (menghitung)▷ 계산하다,
셈하다 ❷ 이슬람력으로 8번째 달.

가가이 - menyangkali
반증하다, 논박하다.

가간따카 - meramalkan sesuatu yang
hilang
예보, 점, 길흉; **삐가간따카** (meramalkan
sesuatu benda yang hilang)▷ 점을 쳐
주다, 예보하다.

가가사 - gagasan
생각.

가카 - garam
소금; **가카이** (menggarami)▷ 소금을 뿌
리다; **까가카이**(ikan asin)▷ 짠 생선.

가칸쭈 - tandus, kerdil
땅이 건조한, 황폐한.

가쿠카 - badai angin
폭풍, 돌풍, 태풍.

가쿠수 - memarahi
화내다.

가쿠따 - kusta

백선 (피부병).

가이 - menarik ke belakang

끌어당기다, 구부리게 하다.

가이 가이 - pacul, cangkul

괭이.

가자 - gajah

코끼리.

가지 - gaji

월급; **가지아** (gajian)▷월급날; **꼬가지** (mempunyai gaji)▷월급이 있다; **빠가지** (menggaji)▷고용하다.

가짜 - gelang

팔찌; **삐가짜** (memakai gelang)▷팔찌를 끼다.

가짜 가짜 - ❶ aspal ❷ gelang-gelang

❶ 아스팔트 ❷ 원모양의 물체.

가짜디 - geladi

연습하다.

가짜망아 - kotoran rumah seperti sarang laba-laba

집에 있는 거미집 (더러운 것).

가람빠 - balai pertemuan warga

마을 회관.

가란당아 - gelandangan

방랑자, 걸인.

가뻬다 - menggeledah

수색하다, 급습하다, 찾다.

가뻬따 - membuka penutup

마개를 열다; **찌가뻬따** (terbuka penutup) ▷열린.

가로 - galon

갈론.

감바라 - gambar

그림; **찌감바라** (tergambar)▷그림 그린; **삐감바라** (meggambar)▷그림을 그리다.

간짜 - ganca, gancu

기차의 연결고리.

간찌 - nama lain

명칭.

간쭈미 - mengencangkan

속력을 내다, 빠르게 하다; **삐간쭈미** (mengencangi)▷~을 빠르게 하다.

간다 - ❶ potongan kayu log ❷ gendang

❶ 나무 그루; **아간다** (satu potong)▷나무 그루 한 개 ❷ 북, 장고.

간데 - menggandeng

합승하다; **뽀간데** (bergandengan)▷같이 탑승하다.

간자 - ganja

마약.

간지리 - ganjil

홀수의.

간따 - ❶ gantang ❷ tegang (otot/tali)

❶ (쌀, 고기, 곡물 따위의) 무게를 재는단위; **삐간따** (menggantang)▷재어서 나누다; **까간따** (alat menggantang)▷측정, 도량 ❷ 팽팽한; **간따미**(mengencangkan tali)▷팽팽하게 하다; **삐간따간따** (sedang terikat dengan tali)▷묶인, 한정된.

강가 - rambut acakan

머리가 엉망이다.

가라두수 - gardus

판지, 마분지, 대지.

가라하나 - gerhana

일식, 월식.

가라무 - gram

그램.

가라나띠 - granat

수류탄.

가랑가 - garangga

젤리.

가라따아 - menggertak

호통 치다, 야단치다.

가라띠시 - gratis

무료.

갈뿌 - garpu

포크.

가로바 - gerobak

손수레.

가시 - ❶ gas ❷ menginjak gas

❶ 가스 ❷ 페달 밟다.

가따하 - karet

고무.

가우 - ❶ sedang (melakukan) ❷ memarahi

❶ 하고 있다 ❷ 화내다.

가우 가우 - bohong, membohongi

하는 척하다, 의지, 거짓말; **빤데 가우가우** (pembohong)▷거짓말쟁이.

가바 - gawang

(스포츠) 골문

가부 - ❶ debu ❷ kabut

❶ 먼지; **꼬가부** (berdebu)▷먼지가 있다 ❷ 안개; **꼬가부** (berkabut)▷안개가 낀.

게두우 - gedung

건물.

게쿠 - aduk, mengaduk

섞다; **까게쿠** (alat pengaduk)▷교반기, 혼합기.

게라라 - gelar

학위.

게뗴 - menghindar

피하다, 도피하다.

게로 - ukiran, lekukan

조각술, 조각품.

겐쪼 - gincu, lipstik

립스틱; **삐겐쪼** (memakai liptik)▷립스
틱을 바르다.

겐데 - kembung

부풀어 오른, 부푼.

게삐 - menjepit

압착하다; **찌개삐** (terjepit)▷압착된; **뽀**
게삐 게삐 (berdesak desakan)▷서로
압착하다.

게레베 - menggerebek

습격하다.

게레자 - gereja

교회.

그로시르 - grosir

도매상인.

기아 - menggeser (untuk membuka)

(커튼) 열다.

기기 - mengikis

문지르다; **뽀기기** (berkikisan)▷서로 문
지르다.

기기시 - mengelap

닦다; **까기기시** (kain lap)▷걸레; **삐기기**
시 (mengelap)▷걸레로 닦다.

기카미 - memarahi

야단, 화내다; **뽀기카** (berkelahi)▷싸우
다, 다투다.

기지 - gizi

영양제.

기뢰 - ❶ menggilng ❷ daun sirih

❶ 빻다, 갈다; **찌기뢰** (tergiling)▷갈린;
까기뢰 (alat penggiling)▷빻는; **삐까기**
뢰 (menggiling)▷빻다, 갈다; **기뢰아노**
호뤠오 (matahari mulai condong ke
barat)▷낮 (오전 1 시 쯤) ❷ 빈랑나무(의
열매, 잎), 시리.

긴세 - ginseng

인삼.

깅기 - keriting

머리가 곱슬곱슬한.

기따라 - gitar

기타; **삐기따라** (bermain gitar)▷기타
를 치다.

기우 - jenis

종류; **삐기우** (banyak jenis)▷여러 가지
종류.

기부 - memintai

~을 요구하다.

고데 고데 - tempat-tempat duduk,
gazebo

그늘.

고타 - mengobok (air)

물에 물건이 들어올 때 나는 물소리; **고타**
이 (mengobok)▷물을 담아 내놓다; **꼬**
고타 (bunyi air saat terobok)▷물소리;

삐고타 고타 (air berbunyi-bunyi saat terobok-obok)▷계속 물소리가 나는.

고테 - lumpur
진흙, 진창.

고가 - dahak
가래.

고게 - mengesek
흔들다; 삐고게 (mengesek badan)▷몸을 흔들다.

고고 - mengencangkan
단단하다, 팽팽하다.

고고릐 - mengencangkan ikatan tali
묶다.

고카 - memanggil
부르다, 소리를 지르다; 고카하소 (memanggil seseorang)▷불러주다; 삐고카 고카 (memanggil-manggil)▷큰 소리로 외치고 있다.

고키 - guci besar
물통, 항아리.

고롸 - gula
설탕; 까고롸 고롸 (gula-gula)▷사탕; 삐고롸이 (menggulai)▷설탕을 주다.

고루 - ❶ bola ❷ gol ❸ kusut
❶ 공; 뽀고루 (bermain bola)▷축구를 하다 ❷ 골 ❸ (실이) 엉킨, 얽힌.

고로 - golok
큰 칼

고미 - ❶ mengisap ❷ mata air yang dalam
❶ 빨아들이다, 흡수하다; 까고미아 (tempat mengisap)▷흡입기 ❷ 물이 깊은.

곤쪼 - leher
목.

곤도로 - rambut gundul
머리가 벗어진 대머리.

곤따 - mengaduk (adonan kue)
섞다; 까곤따 (alat mengaduk kue)▷믹서, 혼합기.

공고 - mengepul
타오르다, 맹위를 떨치다

고삐 - menghimpit
붙잡아 매다, 계류시키다.

고롬보롸 - gerombolan
집단, 도당.

고띠 - got
도랑, 하수구.

구아 - pembangkang, keras kepala
완고한, 완강한, 고집 센; 빠카구아 (membangkang)▷(분부, 명령 따위를) 따르지 않다; 뽀구아 (saling memperebutkan)▷서로 투쟁하다.

구아카 - gagang

칼, 도끼 등의 손잡이.

구아삐 - mencungkil

올리다, 들어 올리다.

구벨누루 - gubernur

주지사, 군수.

구다 - gudang

창고.

구구카 - ❶ mengayak ❷ menghukum

❶ 여과하다, 체로 치다; **까구구카**

(ayakan)▷(고운) 체 조리 ❷ 벌주다, 고

문하다.

구킨다 - gurinda

둥근 숫돌; **삐구킨다** (menggurinda)▷

둥근 숫돌이 되다.

구쿠 - guru

선생님; **빠구쿠** (mengajar)▷가르치다;

삐구쿠 (berguru)▷공부하다.

구쿠타 - burung garuda

매, 독수리.

구뻬 - bumbu

❶ 카레; **삐구뻬** (membumbui)▷카레

를 주다, 카레를 만들다 ❷ 섞다; **뽄구뻬**

(bercampur)▷섞은, 혼합한.

구삐 - peringkat terakhir

마지막 순서, 차례 (시합, 경기).

구루 구룻 - poni

머리 스타일.

구루마 - kawanan

한 무리의 동물.

구론쭈 - tutup kepala

천으로 머리를 덮다; **까구론쭈** (penutup

kepala)▷전통 머리끈; **삐구론쭈**

(menutup bagian kepala)▷천으로 머

리를 덮다.

구룻뿌 - nasi jagung

옥수수 밥.

굼바 - bekas luka

상처자국; **꼬굼바** (mempunyai bekas

luka)▷상처자국이 있다.

군찌 - menggunting

가위로 자르다; **까군찌** (gunting)▷가위;

까군찌아 (guntingan)▷자를 것; **삐군찌**

(menggunting, mencukur)▷가위로

자르다; **삐군찌 뽀쭈** (mencukur

rambut)▷머리를 깎다.

군쭈 - terasa penuh dan sesak

메스껍다.

구누 - gunung

산.

구시 - guci

항아리.

구수루 - menggusur

옮기다, 이전시키다; **찌구수루**(tergusur)

▷철거되다, 이전되다.

카

카부 - ❶ suka mencari masalah ❷ membuat, mencipta

❶ 개구쟁이인, 버릇없는 ❷ 만들다.

카부따 - tali nilon

나일론으로 만든 큰 줄

카파 - serpihan-serpihan potongan kayu

작은 조각 나무.

카쭈 - racun

독; 삐카쭈 (mecaruni)▷독을 넣다, 독 살하다.

카에 - meraih dengan tangan, menjulurkan tangan

끌다, 잡아당기다; 카에삐 (meraih sesuatu)▷찾다, 손으로 더듬어 찾다; 삐카에 (bertani)▷농사를 짓다; 삐카에 카에 (tangan meraih-raih)▷찾고 있다.

카에아소 - menuduh

고소하다, 고발하다.

카카 - ❶ tembus pandang ❷ menge

tahui informasi

❶ 투명한; 삐카카 (menerawang)▷작은 구멍을 내다, 휘갑치다 ❷ 알다; 빠카카 (memberi informasi lebih awal)▷알리다.

카카니 - menambah

더하다, 추가하다; 까카카니 (tambahan) ▷ 부가, 추가

카하 - dahan

작은 가지; 꼬카하 (berdahan)▷작은 가지가 있다; 삐카하미 (memangkas dahan pohon)▷작은 가지를 자르다.

카하시아 - ❶ rahasia ❷ sifat curang

❶ 비밀, 기밀, 은밀한 일 ❷ 사기, 속이다, 사기하다; 카하시아헤 (mencurangi)▷반역 하다, 변절하다; 꼬카하시아 (curang) ▷사기 치다.

카자부 - bulan rajab

이슬람력의 7월.

카자끼이 - rezeki

살림, 생계, 운, 행운.

카끼 - rakit

뗏목.

깜바 - helai

끈, 실.

깜비 - memukul (gendang)

치다, 때리다; **찌깜비** (terpukul)▷치는,
때리는.

깜비시 - mengkibaskan

잡아 채다, 움켜쥐다; **뻬깜비시**
(mengkibasi)▷잡아 채다, 움켜쥐다.

깜비따 - membanting

던지다, 내던지다; **깜비따히시에**
(membanting, menghantam)▷던지
게 하다; **찌깜비따** (terbanting)▷내던져
지다.

카메 - ❶ ramai ❷ tali dari kulit kayu
❶ 복잡한, 시끄러운; **까카메아**
(keramaian)▷잔치, 연회; **뻬까카메아**
(pergi ke keramaian)▷소란해지다 ❷
나무껍질로 만든 줄.

카모 - lumut biji buah-buahan

가래.

깜빠찌 - merampas, merebut

빼앗다.

깜뻬 - sampah laut, sampah sungai

쓰레기.

깜뿌 - bekas tempat bakar rumput

풀을 태우는 곳.

깐짜 - menerkam (ayam)

공격하다, 습격하다.

깐떼 - rantai

쇠사슬, 체인; **찌깐떼** (terantai)▷쇠사슬
에 묶인; **뻬깐떼** (merantai)▷쇠사슬을
잇다, 쇠사슬을 걸다.

캉아니 - menambah

늘리다, 증가시키다, 더하게 하다; **까캉
아니** (tambahan)▷부가, 추가, 획득.

캉이 - bau

냄새.

캉까 - dahan dan ranting kering

마른 나뭇가지.

캉까에아 - kaya

부자인, 부유한; **까캉까에아**(kekayaan)
▷재화, 재물.

카뻬 - kembar

쌍둥이.

카뽀 - mendapati, kebagaian

찾아내다, 발견하다; **카뽀찌**
(mendapati)▷찾아내다, 발견하다.

카사 - mengacak

거칠게 행동하다.

카시 - daki

때 (신체나 옷), 오물; **꼬카시** (berdaki)▷

때가 있다.

카소 - menangkap

붙잡다, 붙들다, 체포하다; **카소아**
(tangkapan)▷붙잡음, 체포; **찌카소**
(tertangkap)▷잡힌; **뽀카소** (baku
tangkap)▷서로 붙잡다.

카또 - ① sampai, tiba, **②** dapat
menggapai/meraih **③** hari kelahiran

① 도착, 도착하다 **②** 손을 뻗치다; **찌카
또** (dapat diraih)▷손을 뻗치는; **빠카또**
(menyampaikan)▷보도하다 **③** 생일.

카우 - potongan, irisan

일부분, 한 조각, 일편; **카우 카우**
(potongan-potongan)▷얇게 썬 조각,
한 조각, 일편; **빠카우** (mengiris,
memotong)▷얇게 썰다, 잘라내다.

카우코 - sejenis rotan kecil

작은 등나무.

케아 - ① darah **②** hamparan

① 피, 혈액; **꼬케아** (berdarah)▷피를 흘
리다 **②** 양탄자.

케케 - meleleh

똑똑 떨어지다, 줄줄 흘러내리다; **빠케케**
(melehkan)▷똑똑 떨어지게 하다.

케케헤끼 - mudah tersinggung

감정이 상하는, 용이한.

케쿠마 - terlindung oleh pohon lebih

besar

큰 나무로 인하여 보호되는

케주 - gemetar

벌벌 떨다.

케까 - masakan

요리; **까삐케까** (dengan cara dimasak)
▷음식을 요리로 만들다; **삐케까**
(memasak)▷요리하다.

켐바 - membantu

돕다, 원조하다.

켐빠 - rendah, kurang tinggi (rumah)

짧은, 짤막한; **빠켐빠** (menurunkan
ukuran tinggi)▷약하다, 짧게 만들다.

켐뻬 - tindis, menindis

압박하다, 누르다; **찌켐뻬** (tertindis)▷
짓눌린, 압박받는; **까켐뻬** (alat untuk
menindis)▷깡패; **뽀켐뻬** (baku tindis)
▷포개져 있는, 겹쳐 누워 있는; **뽀켐뻬
켐뻬** (tindis-menindis)▷밀집한, 붐비
는, 혼잡한.

켄데 - ① karat **②** mendidih

③ membunyikan dengan cara
memukul-mukul

① 녹, 캐럿; **꼬켄데** (berkarat)▷녹슬다,
부식하다 **②** 끓다, 끓이다 ; **켄데미**
(memanaskan makanan)▷음식을 데
우다 **③** 두드리다; **켄데 켄데**(memukul

-mukul)▷서로 치다, 서로 때리다.

켕아 - permukaan luka meluas

몹시 상한 발진.

켕에 - rengek, cengeng

구슬피 울다 (울보); **삐켕에 켕에**

(merengek-rengek)▷재촉하다.

켕꾸 - gemetar

몸을 떨다; **삐켕꾸 켕꾸**(begetar-getar,

gemetaran)▷전율, 떨림.

케쁘 - menghancurkan

희박한, 희박하다.

케뿌 - bunyi kriuk-kriuk (gigit

makanan)

바삭 바삭; **삐케뿌 케뿌** (berbunyi

kriuk-kriuk saat makan)▷바삭 바삭.

케떼 - rata

평평한, 평탄한, 평온한; **까케떼아**

(tempat yang rata)▷평지, 광장; **빠케**

떼 (meratakan)▷평평하게 만들다, 매

끄럽게 만들다.

케부 - kotoran, sampah

쓰레기.

키찌 - ❶ kuningan ❷ bunyi gesekan

❶ 쇠, 놋쇠, 황동 ❷ (소리의) 접촉하는

물건; **삐키찌 키찌** (berbunyi bergesek-

gesek)▷접촉할 때 계속 소리가 나다.

키카오 - kemerah-merahan, merona

거의 익은.

키키만떼 - cahaya mega kuning

노란 하늘.

키께헤 - dulu, dahulu

예전, 옛날.

킨따 - ❶ menarik/menghela dengan

keras ❷ jenis alat musik

잡아 뽑다; **찌까킨따**(tertarik)▷세게 잡

아 끄는, 뽑혀진; **까킨따** (menarik

dengan keras)▷세게 잡아 끌다 ❷ 악기

종류.

키부 - ribu

천 단위; **아 키부**(seribu)▷(1,000) 천.

코파 - mengagetkan

놀라게 하다.

코에 - baru saja tertidur

잠들다; **삐코에 코에** (hampir tertidur)

▷거의 잠이 오다.

코케 - ❶ mengurusi, merawat ❷

mengacak

❶ 돌보다, 지키다 ❷ 긁다.

코코쁘 - menutupi bagian atas

덮다, 닫다.

코메 코메 - mengucak-kucak,

meremas-remas (adonan)

더럽혀지다; **삐까코메 코메**(meremas-

remasi)▷더럽혀진, 얼룩진.

콤뽀 - rumput yang tebal

두꺼운 풀.

콤뿌 - kumpul

모이다; 찌콤뿌 (terkumpul)▷모여진, 집합한; 삐콤뿌 (mengumpulkan)▷모으다; 집합시키다; 뽀콤뿌 (tinggal bersama, dikumpulkan bersama)▷협의; 뽀콤뿌 콤뿌 (berkumpul-kumpul)▷서로 협의하다; 뽀코콤뿌아 (pertemuan, perkumpulan)▷모임, 만남.

콘찌 - kerak makanan

누룽지.

콩오 - mengusung barang dengan tali di kepala

머리에 메다; 까콩오 (tali keranjang)▷어깨에 메는 것.

코호 - daun

잎; 코호노 사우 (daun kayu)▷나뭇잎, 반찬; 꼬코오 (berdaun)▷잎이 있다.

코빠 - depa

길 (길이의 단위); 코빠헤 (mengukur dengan depa)▷손을 내밀다; 아 코빠 (satu depa)▷길 (길이의 단위, 6피트, 183cm).

코뻬 - ❶ menuju ❷ anjungan kapal

❶ 방향, 목적; 빠코뻬 (menuju ke arah)

▷향하다 ❷ 항해실(배 앞 부분의).

코우 - air kencing

오줌, 소변; 까코우 코우 (suka kencing) ▷자주 소변보다; 삐코우 (kencing)▷소변보다, 오줌누다; 삐코우 후롸 (mencuci muka)▷세수하다.

쿠피 - kerutan, kasar (permukaan)

표면의 구김; 꼬쿠피 쿠피 (permukaannya kasar)▷표면이 많이 구겨진.

쿠투 - membangunkan

깨우다.

쿠카야하 - ❶ lebaran ❷ bulan syawal

❶ 금식기간 후의 이슬람교 축제 ❷ 이슬람력의 10월.

쿠쿠 - sumbangan

기부금, 헌납하다, 기부하다; 삐까쿠쿠 (meminta sumbangan)▷기부금 요청하다; 뽀쿠쿠 (bersama -sama mencari sumbangan)▷기부금을 요구하다.

쿠이 - duri

가시; 꼬쿠이 (berduri)▷가시가 있는.

쿠까 - runtuh, merapat ke bawah

무너지다, 넘어지다.

쿠몬다 - jumadil awal

이슬람력의 5월.

쿤주 - menyentuh

만지다; **찌쿤쭈** (tersentuh)▷접촉된; **뽀
쿤쭈** (bersentuhan)▷~와 접촉하다.

쿤두 - guntur

천둥; **꼬쿤두** (bergemuruh, guntur
berbunyi)▷천둥치다.

쿵가 - ❶ membongkar ❷ ngorok

❶ 철거하다 ❷ 코골음; **꼬쿵가** (mengorok)
▷코를 골다; **삐쿵가 쿵가** (tidur sambil
ngorok)▷코를 골고 있다.

쿵까 - bunyi benda (seperti membuka
penutup panci)

심하게 흔들리다; **쿵까찌**
(membunyikan)▷~가 흔들리다; **꼬쿵
까** (terdengar berbunyi)▷흔들릴 때
소리가 나다.

쿠삐아 - rupiah, mata uang Indonesia

인도네시아 화폐.

쿠사 - rusa

사슴.

쿠수 - masuk

들어가다; **쿠수비** (memasuki)▷(구멍이
있는 곳에) 들어가다; **삐까쿠수 쿠수**
(menelusuri lewat jalan penuh rum
put)▷숲에 깊이 들어가다.

하

하 - ha
소리침.

하쭈 - ratus
백 단위; **아 하쭈** (seratus)▷백.

하디아 - hadiah
선물, 상; **빠하디아** (menghadiahkan)
▷~으로 보상하다, 상으로 주다, 선물을
주다.

하타 - mau, ingin
원하다, 하고 싶다.

하에 - dagu
턱.

하에오 - arang
목탄, 숯.

하카가아 - harga
가격, 값; **꼬하카가아** (berharga)▷가격
이 있다, 값이 나가다.

하카가이 - menghargai
값을 매기다, 감정하다, 평가하다.

하카무 - haram
금지된, 허락지 않는; **빠하카무**
(mengharamkan)▷금하다, 규제하다.

하 키마우 - harimau
호랑이.

하코 - ❶ menghadapi (benda) ❷
hampir
향하다; **하코삐** (menghadapi)▷향하다;
뽀하코삐 (berhadapan)▷서로 마주보
다, 면하다 ❷ 대략.

하코아 - ❶ depan, bagian depan ❷
haroa
❶ 앞; **이 하코아** (di depan)▷앞에 있다
❷ 종교적인 제례; **삐하코아**
(mengadakan haroa)▷제례를 열다

하이 - mengangkat/menaikan pakaian
옷을 손으로 올려 당기다; **찌하이**
(terangkat pakaiannya)▷옷을 손으로
올려 당기는.

하지 - ❶ haji ❷ Zulhijah
❶ 이슬람 성지 순례자; **헨데 이 하지**

(naik haji)▷메카에 가다 ❷ 이슬람력의
12월.

하지마 - ajimat
부적, 주물, 물신.

하끼까 - akikah
신생아 탄생 후 7일째 되는 날 행하는 성
찬식; **삐하끼까** (mengakikah)▷신생아
탄생 후 7일째 되는 날 성찬식을 행하다.

하끼무 - hakim
판사, 재판관.

하꾸 - hak
권리, 권한.

하짜 - masalah
문제, 실수.

하짜짜 - halal
할랄 (이슬람 먹을 것).

하뻬오 - tadi
방금, 조금 전에, 아까.

하삐아 - banyak gerak, kesana kemari
이리저리 움직이다.

하로 - ❶ halo ❷ burung halo
❶ 여보세요 (전화) ❷ (할로 새의 종류).

하루 - tamak
탐욕스런.

할때 - halte
정류장.

하마 - hama

해충, 병균; **꼬하마** (berhama)▷해충이
있다, 병균이 있다.

하마 하마 - hama
세균.

함바 - membantu
돕다; **찌함바** (terbantu)▷도움이 되다;
까함바 (bantuan)▷도움, 지원; **뽀함바**
(saling membantu)▷서로 도와주다.

하미시 - hari kamis
목요일.

하모 - merabas kebun/lahan baru
(농사를 시작할 때) 나무를 베고 풀을 뽑
는 것; **하모아** (lahan yang sudah
dirabas)▷나무를 베고 풀을 뽑은 농장.

하모따 - kebun
농장; **삐하모따** (berkebun)▷농장을 짓
다; **삐하모따하** (perkebunan, tempat
berkebun)▷재배, 경작; **빤데 미하모따**
(tukang kebun)▷농부.

함삐 - menambah barang bawaan
많이 가져 가다/오다; **삐까함삐찌**
(mengambil lebih, tamak)▷음식, 과
일 등 많이 가져갈 수 있을 만큼 (탐욕 스
러운).

함뽀 - kulit luka
피부 (자국의 상처).

하나 - sisik

(물고기, 뱀 따위의) 비늘; **꼬하나**
(bersisik)▷비늘이 있다.

한다 - semakin
증가하다, 늘다; **한다 한다** (lebih keras)
▷좀 더 하다.

한두 - handuk
수건; **삐한두** (memakai handuk)▷수
건을 쓰다.

한두키 - kenduri, tahlilan
종교적인 제례, 제사, 신령에게 정성을 표
하는 예절; **삐한두키** (melakukan
kenduri, tahlilan)▷제사를 지내다.

한찌 - keringat
땀; **꼬한찌** (berkeringat)▷땀이 나오다.

한찌뿌 - hansip
경비원.

한따 - tempat latihan silat
전통 무술 무대.

항가헤 - makanya, karena itu
그래서, 그렇기 때문에, 그러므로, 따라
서.

항까 - pergi, bepergian, berjalan
걷다; 나가다; **항까하소** (membawa
pergi)▷물건을 가지고 나가다; **삐항까**
항까 (berjalan-jalan)▷구경하다, 산책
하다.

항꼬롸 - selangkangan

사타구니 살, 사람의 음부와 항문 사이.

항꾸 - menyalahkan, menyoroti
비난하다, 부인하다.

하오 - arang
숯.

하빠롸 - hafal
외우다; **삐하빠롸** (menghafal)▷외우
다.

하빠부루 - hidup melarat
아주 가난한.

하뿌 - kapur
석회, 소석회, 분필.

하뿌수 - hapus
지우다; **찌하뿌수** (terhapus)▷지워진;
까하뿌수 (penghapus)▷지우개; **삐하뿌**
수 (menghapus)▷지우다; **삐하뿌수아**
(penghapusan)▷일소, 소탕.

하라뿌 - mengharap
바라다, 희망하다; **니하라뿌** (yang
diharap)▷예상, 예기, 기대.

하루수 - harus
해야 되다.

하세아떼 - khasiat
효과; **꼬하세아떼** (berkhasiat)▷효과가
있다.

하시릐 - hasil
결과; **꼬하시릐** (berhasil)▷결과가 있다.

하떼 - hati

간장.

하또 - atap

지붕; **삐하또** (memasang atap)▷지붕
을 설치하다.

하우 - asap

연기; **꼬하우** (berasap)▷연기가 있다.

하바 - perut

배 (신체); **꼬하바** (hamil)▷임신한; **빠꼬
하바** (menghamili)▷임신하다.

하바삐 - tetapi

그렇지만, 그러나.

하비 - pangkuan, memangku

무릎, 무릎을 굽히다; **뽀하비** (baku
pangku)▷서로 무릎을 굽히다.

하부 - ❶ dapur ❷ abu dapur ❸ rumpun

❶ 주방, 부엌 ❷ 재 ❸ 움, 움이 돋은 뿌
리; **아 하부** (satu rumpun)▷한 묶음, 한
다발.

헤포 - menghentak

밀다, 발을 구르다; **찌헤포** (terhentak)▷
미는, 발을 구르는.

헤헤삐 - menegur, memperingatkan
(karena melakukan kesalahan)

금하다, 상기시키다, 조심시키다, 경고하
다.

헤케아소 - membela

막다, 지키다, 방어하다.

헤하 - membersihkan pinggiran kebun
sebelum dibakar

농장을 불태우기 전에 찌아찌아 사람이
큰 화재가 되지 않게 자기 농장주변에서
땅, 나무, 잔디를 치우는 모습; **까헤하**
(jalur pinggiran kebun yang sudah
dibersihkan)▷잔디를 치우는 농사; **삐
까헤하** (membersihkan pinggiran
kebun)▷농장의 잔디를 치우다.

헤까 - ❶ kosong ❷ kulit

❶ 비어 있는 ❷ 껍질; **헤까노 까떼똬**
(kulit jagung)▷옥수수의 껍질.

헤까이 - mengupas, menguliti

가죽을 벗기다; **찌헤까이** (terkupas)▷가
죽을 벗기는; **삐헤까이** (mengupas)▷껍
질을 벗다.

헤똬 - ❶ merantau ❷ menarik

❶ 떠나다, 고향을 떠나다, 배를 타고 가
다 ❷ 끌어 당기다; **헤똬 헤똬** (menarik
-narik)▷끌어들이다;**찌헤똬**(tertarik)▷
끌린; **까헤똬 헤똬** (tali yang ditarik-
tarik untuk mengusir babi/ burung
di kebun)▷끈; **뽀헤똬** (baku tarik)▷
서로 끌어당기다.

헤떼무 - helm

헬멧.

헨데 - naik

오르다; 헨데삐 (menaiki)▷~에 오르다,
~에 올라가다; 삐까헨데 (memanjat)▷
오르다, 올라가다; 뽀헨데 (menaikan)▷
올라가게 하다; 헨데아노 빠자카 (fajar
terbit)▷새벽.

헨데삐아 - peresmian rumah

집 완성 공식행사.

헨데뻬찌 - cacing tanah

지렁이.

헹아 - terbuka, meleset dari posisi
semestinya

발을 좌우로 넓게 벌린.

헹가 - waktu yang telah ditentukan

죽음, 운명.

헤또 - hektar

헥타르 (면적의 단위).

헤비 - semai, menyemai

뿌리다; 삐헤비 (menyemai bibit)▷씨
앗을 뿌리다.

헤보 - masalah

문제.

히바 - hibah

기증.

히타로 - hampir masak (buah)

반 익은.

히나 - hina, menghina

경멸하다, 모욕하다; 찌히나 (terhina)▷
모욕된.

히나타 - pacar, kekasih

여자친구, 남자 친구; 뽀히나타
(berpacaran)▷연애하다, 사귀다.

힌다 - sinar

광선, 빛; 꼬힌디 (bersinar)▷빛나다, 번
쩍하다.

힌다코 - pancaran cahaya

빛, 빛나는.

힌두 - hindu

힌두교.

히오 - menggoyang

흔들리다.

히우 - hiu

상오.

호타 호타 - sering buang besar campur
air, mencret/diare

설사.

호찌 - ❶ habis ❷ tepi sungai/laut

❶ 떨어진, 사라진, 없어진 ❷ 해변가.

호카 - ❶ duduk ❷ satuan unit (pohon)

❶ 앉다; 호카찌비 (menduduki)▷~물건
에 앉다; 삐호카 호카(duduk-duduk)▷
앉아서 이야기하다; 까호카따바 (tempat
duduk) ❷ 나무 한 그루.

호자 - canda, candaan

농담, 유머; **삐호자 호자** (bercanda)▷농
담하다.

호꼬로 - mengikuti
같이 가다, 따라가다, 참가하다; **호꼬 호**
꼬로 (mengikut-ikut)▷무분별하게; **까**
호꼬로 (pengikut)▷참가자.

호꼬비 - mengeram
알을 품다; **빠호꼬비** (mengeramkan)▷
(알에서) 까다, 부화하다.

호람삐 - jamur
버섯.

호뻬 - goreng, menggoreng
튀기다; **호뻬 호뻬** (gorengan)▷튀김.

호뻬오 - matahari
태양; **꼬호뻬오** (banyak cuaca panas)
▷대단한 무더위다.

호뢰 - beli, membeli
사다; **삐호뢰 호뢰** (berbelanja)▷쇼핑하
다.

호로 - mengidam
(특히 임신부가) 특별한 음식을 원하다;
호로아소 (mengidamkan)▷몹시 갈망
하다.

호롬바 - lubang pada batang pohon
구멍, 큰 구멍; **꼬호롬바**(batang poho
nnya berlubang)▷큰구멍이 있다.

호루 - menyimpul

매듭을 짓다; **까호루** (simpul)▷매듭, 마
디; **뽀호루** (bersimpulan)▷매듭이 진.

호루 호루 - menanti, menunggu
기다리다; **삐호루 호루**(menanti-nanti,
menunggu-nunggu)▷기대하다.

홈바 - menghalangi
방해하다, 막다.

홈보 - peram
(과일 따위를) 익히다; **까홈보** (sesuatu
yang diperam)▷익히는 과일; **삐까홈보**
(memeram)▷익게 하다.

호메아 - tepung
가루, 분말; **호메아노 까떼빠** (tepung
jagung)▷옥수수의 가루.

홈뽀 - menutup
덮다, 닫다; **찌홈뽀** (tertutup)▷닫힌; **까**
홈뽀 (penutup)▷문.

혼다 - sepada motor
오토바이.

혼도 - ubi hutan
고구마의 종류 (숲 안에 있다).

호네 - pasir
모래; **꼬호네** (berpasir)▷모래가 있다;
호네노 따이 (pasir laut)▷해변 모래.

호호 - bambu
대나무.

호빠뢰 - pohon beringin

무화과 나무.

호삐우 - empedu

신장.

호레 - hore

기쁜 감정을 나타내는 감정사.

호떼뼤 - hotel

호텔.

호볘 호볘 - mengelus-elus

쓰다듬어주다, 애무하다.

후타 - menguncang, menggoyang

흔들리다; **후타 후타** (menggoyang-
goyang, menguncang-guncang)▷흔
들흔들거리다; **꼬후타** (berguncang,
bergoyang)▷흔들어 움직이다; **삐후타
후타** (bergoyang-goyang, berguncang-
guncang)▷흔들흔들.

후투 - nyut

두근; **삐후투 후투** (nyut-nyut)▷두근거
리다.

후쿠 - menderita batuk-batuk dan
hosa

천식.

후이 - mengesot, berpindah dengan
menggeserkan panggul

앉으면서 이동하다; **삐후이 후이** (mengesot-
ngesot)▷앉으면서 이동하다.

후꽈 - wajah, muka

얼굴, 모습.

후롱아 - bayangan

그림자; **꼬후롱아** (berbayang)▷투영된.

후만다로 - badan meriang, panas
dingin

열, 발열.

훔부 - cukup

충분한, 완전한, 완벽한; **빠훔부**
(mencukupkan)▷충분하게 하다.

훔부니 - mendatangi (karena masalah)

공격하다, 습격하다.

훈쭈미 - seperti
menggertak/memarahi

화내다.

후누 - menyelam

잠수하다.

후누아 - anoa

술라웨시의 특별한 사슴.

훙꾸 - memasukan ke dalam mulut

입을 헹구다; **훙꾸 훙꾸** (sesuatu berada
dalam mulut)▷중얼거리다, 웅얼거리다.

후라 후라 - hura-hura

낭비하다.

후루뿌 - huruf

문자, 글자.

후뜨바 - khotbah

이슬람적인 연설.

이

이 - ❶ di ❷ ke
❶ 에서 ❷ 에.
이아 - dia (laki-laki/perempuan)
그, 그녀.
이바카 - ibarat
마치 ~처럼.
이비쁴시 - iblis
악마.
이히쫘시 - ikhlas
성실한; 이히쫘시히시에 (mengikhlaskan)
▷진심으로 하다.
이자사 - ijazah
증명서, 졸업장.
윅꽌니 - iklan
광고.
이끼따 - kita
우리 (목적어).
잃하무 - ilham
영감.
이쁴무 - ilmu

지식, 인식, 이해; 꼬히쁴무 (berilmu)▷
학식이 있는.
이루 - air liur
침. 타액; 꼬히루 이루 (banyak air liurnya)▷침이 많다.
이마쫘 - mencongak
받아쓰기; 빠히마쫘 (mencongak)▷받아쓰다.
이마무 - imam
이슬람교의 성직자; 빠히마무(memim pin shalat)▷기도를 주재하다.
이마니 - iman
신앙, 신뢰, 믿음; 꼬히마니 (beriman)▷믿음이 깊은.
임쩨끼 - imlek
새해(중국달력).
임빠헤 - di mana
어디.
임빠헤하께 - di mana saja
마음대로 하다.

임뻰따리시 - inventaris
재고품 목록.

임뽀로 - impor
수입.

임뿌수 - infus, menginfus
링겔(액체, 혈액 따위를)을 주입하다.

이무니사시 - imunisasi
면역시킴, 면제.

이나 - ibu
어머니; **이나 뿌사나우** (bibi)▷이모, 고
모; **이나 베에** (ibu tiri)▷의붓어머니; **삐
히나** (menganggap sebagai ibu)▷어
머니답다.

인파끼 - infak
기증, 기부.

인짜뿌 - merasa sangat malu
더럽히다, 창피하다.

인찌 - inchi
인치 (2.54cm).

인데헤 - siapa
누구; **인데헤아** (siapakah)▷누구.

인도네시아 - Indonesia
인도네시아.

인지뤼 - injil
성경.

인스따좌시 - instalasi
설치.

인시누루 - insinyur
기술자.

인떼 - pergi
가다.

인떼마이 - kesana kemari
이리저리 움직이다, 여기저기 왔다 갔다.

인떼시 - pergi mengambil
불러 가다.

인띠 - inti
핵심.

잉기리시 - Inggris
영국.

이삐 - himpit, menghimpit
밀착하다, 합치다; **뽀히삐 이삐** (saling
berhimpitan)▷서로 밀착하다.

이사 - ikan
물고기; **삐히사** (mencari ikan)▷물고
기를 잡다.

이사미 - kami
우리.

이세 - satu (1)
(1), 하나, 일.

이시 - isi
내용, 내용물.

이시좌무 - islam
이슬람교.

이시미우 - kalian

너희, 너희들.

이소 - tekan, menekan

누르다, 압박하다, 압력을 가하다.

이소호 - anda, kamu

당신, 너.

이따 - lihat, melihat

보다; **이따 이따** (melihat-lihat)▷구경
하다; **찌히따** (terlihat)▷볼 수 있다; **빠
찌히따** (memperlihatkan)▷보여주다;
삐시히따 (memperlihatkan diri)▷내
보이다, 자랑하다; **뽀뽀히따** (penglihatan,
cara melihat)▷시각, 시력.

자

자바따 - jabatan
직능, 직무, 직분.

자카 자카 - burung merpati
비둘기.

자가 - jaga, menjaga
깨어 있다, 경계하다; **자가니** (menjaga)
▷지키다; **삐자가 자가** (berjaga-jaga)▷
지키고 있는; **주마가노** (orang yang
bejaga)▷호위자, 지키는 사람.

자하나 - jahanam, sangat kotor
아주 더러운.

자자 - jajah, menjajah
식민; **자자헤** (menjajah)▷식민지를 하
다.

자까띠 - zakat
기부금(이슬람신자가 가난한 사람에게
의무적으로 주는 보시).

짬사 - jaksa
검찰.

자꽈 - ❶ jala ❷ berjalan kendaraan

❶ 그물; **빠자꽈** (menjalankan,
mengemudikan)▷그물을 치다 ❷ 방
법, 수단, 방식.

자꽈군디 - alat bunyi yang dipasang di
layang-layang
연에 붙이는 전통악기.

자꽈자 - dinding anyaman bambu
짠 대나무로 만든 벽.

자뽀 - campur, mencampur
섞다, 혼합하다; **까자뽀** (campuran)▷
섞음, 홍합; **뽀자뽀** (bercampur)▷섞은,
혼합한.

자뽀시 - jalosi, lubang angin pada
jendela
공기 교환 (창문).

자마하 - jamaah
기도자, 친구.

자마니 - zaman
시대.

짬바 - jamban, toilet, WC

변기; **삐잠바** (buang air besar)▷화장
실에 가다.
잠바따 - jembatan
다리, 교량.
잠보 - jambu (buah jambu)
구아파 (과일).
자무 - ❶ jam ❷ jamu
❶ 시계 ❷ 약품
잠뿌 - mengoleskan
바르다, 칠하다, 문지르다; **까잠뿌**
(olesan, tanda lahir)▷칠할 것, 얼룩;
삐잠뿌 (mengolesi)▷칠하다, 문지르다.
잠뿌쿠 - kotor
더러운, 지저분한.
잔디 - janji
약속; 약속하다; **까잔디** (perjanjian)▷
약속, 약조, 협정; **뽀잔디** (saling berjanji)
▷서로 약속하다.
자누아리 - Januari
1월.
장안따 - suka berkeliaran
새치름한, 교태부리는.
장꾸 - jenggot
구레나룻; **꼬장꾸** (berjeggot)▷구레나
룻이 있다.
자레 - jaring
그물; **찌자레** (terjaring)▷그물을 치게

되다; **삐자레** (memasang jaring)▷그
물을 치다.
자사 - jasa
공훈, 공적, 봉사, 공헌.
자시 - baju jas
양복, 상의.
제께 - jaket
재킷; **삐제께** (memakai jaket)▷재킷을
입다.
젠데라삐 - jenderal
장군.
제빼 - ❶ lumpur ❷ bubur
❶ 진흙투성이의, 진득 진득한 ❷ 죽; **삐
제빼** (membuat bubur)▷죽을 만들다.
제라빠 - jerapah
기린.
지끼리 - zikir, berzikir
하나님을 존중하는 이슬람의 기도 말씀.
지니 - jin, setan
귀신, 유령; **꼬지니** (ada jin)▷귀신이 있
다.
지삐바뿌 - jilbab
질밥 (무슬림 여자들이 쓰는 수건); **삐지
삐바뿌** (memakai jilbab)▷질밥을 쓰
다.
지삐띠 - jilit, menjilit
제본; **삐지삐띠** (menjilit)▷제본하다.

조게 - joget, berjoget
춤, 춤을 추다.

조뤼 - mengunci
(문, 창문) 닫다; **찌조뤼** (terkunci)▷닫
힌; **까조뤼** (pengunci)▷자물쇠, 걸쇠.

좀뽀로 - jempol, menjempol
엄지손가락.

주아라 - juara
우승자; **삐따부 주아라** (mendapat
juara)▷우승자가 되다.

주바 - baju jubah
겉옷, 예복; **삐주바**▷(memakai jubah)
겉옷을 입다.

주두루 - judul
제목.

주주 - terburu buru, tergesa gesa
허겁지겁, 허둥지둥

주주롸 - mendorong
밀다; **뽀주주롸** (saling mendorong)▷
서로 밀어내다.

주준따나 - doa/tahlilan bersama untuk
mayit setelah kembali dari
pemakaman
장례식 후에 찌아찌아 사람이 기도하는
말.

주주루 - jujur
솔직한, 정직한.

주루 - bergerak, berpindah
옮기다, 움직이다; **뽀주루**
(menggerakan, memindahkan)▷이
동시기다.

주마아 - Jumat
금요일.

주라가 - juragan
사장, 주인.

주리 - juri
심사위원, 심판 (축구).

주루 뚜뤼시 - sekretaris
비서.

주따 - juta
백만; **아 주따** (satu juta)▷백만.

까

까하고 아고 - tergesah gesah
서두르다, 급히.

까하루마 - tempat yang rindang
(나무 밑에) 대비하는 곳; **삐까하루마**
(berteduh di tempat rindang)▷(나무
밑에) 몸을 피하다.

까하나 - rumah
집; **꼬까아나** (mempunyai rumah)▷
집이 있다; **까하나 바쭈** (rumah batu)▷
돌 집; **까하나 사우** (rumah kayu)▷나무
집; **삐까하나** (berumah)▷집을 만들다.

까하사 - batu gosok
숫돌; **삐하사** (mengasah)▷갈아서 날카
롭게 하다.

까하시 - kasihan
불쌍히 여김, 동정, 연민.

까하보 - rumput
풀; **꼬까하보** (berumput)▷풀이 자라다,
풀이 있다; **삐까하보** (membersihkan
rumput)▷풀을 뽑다.

까바항까 - selangkangan
(사람, 몸 바지의) 가랑이.

까바뻬바아 - gerobak gantung
거는 수레.

까베뻬 - kabel
케이블.

까베떼 베떼 - sejenis petasan
불꽃, 폭죽; **삐까베떼 베떼** (bermain
petasan)▷불꽃이 타오르다.

까비렝아 - kayaknya, sepertinya
마치 ~처럼.

까비네띠 - kainet
캐비닛.

까보보 - menaiki/setubuhi (hewan)
교접, 교미; **삐까보보** (menyetubuhi)▷
교접하다; 교미하다.

까부 - menderita penyakit batuk-batuk
천식.

까부부시 - air/minuman untuk siraman
menngenang arwah leluhur

뿌리는 물; **삐부부시** (menuang minuman untuk berbagi/mengenang arwah leluhur)▷조상을 위해서 붓는 물.

까부루 - batok kelapa
야자 껍질의 쪽 (일부분); **까부루노 꾼데 헤** (batok kelapa)▷야자 껍질의 쪽 (일부분).

까분도아소 - oleh-oleh
선물.

까부빠떼 - kabupaten
인도네시아의 행정구역 단위.

까부시 - terlambat
늦다; **까부시에** (terlambat dari sesuatu)▷늦어지다.

까파 - mati akal, menyerah
생각할 수 없다.

까파아 - tidak waras/normal
멍청한; **까까파아** (orang yang kurang normal)▷멍청한 사람.

까파카 파카 - bertanya-tanya
혼동되는, 당황하는, 어리둥절 하는; **삐 파카 파카** (betanya-tanya)▷당황하다, 어리둥절하다.

까파꾸 - kelamin perempuan
여자의 성기.

까판찌 - bahasa sindirin

격언, 금언.

까팡까 - rendaman (makanan)
물속에 있는 것.

까페 - kafe
카페.

까펭까 - ikan kering
말린 생선.

까피 - membuang
버리다; **찌까피** (hilang)▷버리는, 잃은.

까피아 피아 - sapu tangan
손수건.

까포코 - belalang
메뚜기.

까포롸 - organ perut
인체, (동물의) 기관.

까퐁아 - candaan
농담; **까퐁아이** (mencandai)▷농담하다; **삐까까퐁아** (bercanda-canda)▷농담을 하다.

까퐁꼬 - buah/makanan yang yang sudah busuk/bau
썩은 것.

까짜 - kaca
유리.

까짱고레 - kabang tanah
콩.

까짜오 - kacau

당황하는, 혼동하는; **빠까짜오** (mengacau)
▷혼동하다, 당황하다.

까찌타끼 - linggis
쇠지레; **찌타끼** (mencungkil/ menggali
dengan linggis)▷쇠지레로 하다.

까찌히 - tupai
다람쥐.

까찌끼아 - korak api
성냥, 라이터.

까찌꼬니 - hama kecil
아주 작은 이.

까쭘뽀 - parang
칼, 큰 칼.

까쭘뿌 - sisa batang pohon yang masih
berdiri setelah ditebang
(땅에서) 벌목하는 나무에 깊숙이 박은.

까쭈빠 - ketupat
바나나 잎 따위로 싼 주먹 밥.

까데뻬 - kedelai
콩, 대두.

까도 - kado
선물.

까돈도 - kedondong
돈동(열대과일 이름).

까도호 - kamar
방; **빠까도호** (berdiam di kamar)▷방
에 살다.

까데레 - kader
당직자, 간부.

까타뽀 - masakan yang dibungkus
kemudian dibakar
반찬; **삐까타뽀** (membungkus masakan
kemudian dengan daun pisang
dibakar)▷반찬을 만들다.

까타바 - kelor
겨자 (조미료로 사용됨).

까테세 - pisang
바나나.

까토꾸 - jakun
결후.

까토미 - mengomeli, memarahi
야단치다.

까통꼬 - sarung
사룽(고유 의상의 일종); **삐통꼬** (memakai
sarung)▷사룽을 두르다.

까투 - kelamin laki-laki
남경.

까에 - kurang
적은 양의, 근소한, 보다 적은; **빠까에**
(mengurangi)▷줄이다, 감하다, 삭감하
다.

까헤롸 - jerat
덫, 올가미; **삐까헤롸** (memasang jerat,
menjerat)▷덫으로 잡다, 올가미를 치

다.

까헤쫘또 - daun gatal
가려운 풀. 암닭 쐐기풀.

까헤누아 - jenis lebah yang bersarang di lubang batu
벌, 말벌.

까가쭈 - gaco
선수, 지도자.

까가카이 - ikan asin
소금에 절인 물고기.

까가시아 - keramaian
소란, 야단법석; **삐까가시아** (pergi ke keramaian)▷소란해지다, 야단법석이 이 되다.

까카타 - tombak
창, 투창, 창으로 찌르다; **찌까카타** (tertombak)▷창으로 찌른.

까카깡오아 - kurang pendengaran
청각장애.

까카자아 - bekerja
일, 임무, 업무, 일하다; **찌까카자아** (terlaksana)▷일하게 된; **빠까카자아** (mempekerjakan)▷일하게 하다.

까카까지 - gergaji, menggergaji
톱; **찌까카까지** (tergergaji)▷톱으로 켜는; **삐까카까지** (menggergaji)▷톱으로 켜다.

까깜바우 - kerbau
물소.

까카따시 - kertas
종이; **까카따시 빠랏띠** (kertas plastik)▷비닐 종이.

까키 - full, terisi rata pinggir
가득 찬, 대단히 많은; **빠까키** (mengisi sampai rata pinggir atas bejana)▷가득 차게 하다.

까키아하 - pesta
잔치, 파티, 축제, 연회, 의식; **삐까키아하** (mengadakan pesta)▷파티를 만들다; **삐까키아하소** (mempestakan)▷파티가 열리다.

까낀디 - dinding
벽, 칸막이; **꼬카낀디** (mempunyai dinding)▷벽이 있다; **삐까낀디** (memasang diding)▷벽을 만들다.

까낀따 - menarik dengan keras
세게 당기다, 세게 끌다.

까코뿌 - tempat bertelur, sarang
(새 곤충 따위가 사는) 집; **삐까코뿌** (bersarang)▷둥지를 틀다, 거처하다.

까쿰뿌 - rumput
덤불, 풀숲.

까쿠시 - gores, menggores
긁다, 긁적거리다; **찌까쿠시** (tergores)▷

굵적거리는.

까한다 - firasat, pertanda, alamat

고혈압.

까하바 - kopi

커피.

까헤아 - lobang besar, gua,

동굴.

까후카 - penggaruk nasi

밥 긁는 도구.

까이 - kait, mengait

갈고리로 걸다, 고리에 걸다; 찌까이

(terkait)▷갈고리에 걸리는; 까이찌

(mengkaiti)▷끌어당기다; 까까이

(pengait)▷갈고리 쇠; 빠찌까이

(mangaitkan pada)▷갈고리에 걸리다;

뽀까이▷(berikatan) 서로 갈고리에 걸

리다; 뽀까이 까이 (saling kait-mengait)

▷서로 갈고리에 걸리다.

까이롱에 - disana

저기.

까히나 - di sini

여기.

까히나 이나 - ibu angkat

양모; 삥까이나 이나 (tinggal dengan

ibu angkat)▷양모와 같이 살다.

까인데아 - tanaman/dusun

작물, 수확.

까힌쭈 - disitu

거기, 저기.

까히수 - ekor

꼬리; 꼬까히수 (berekor)▷꼬리가 있다;

삐까히수 (mengikut kemna- mana)▷

고분고분 따르다.

까자바 - ubi jalar

고구마.

까조코 조코 - suka mendahului, takabur

음탕한, 무례한.

까까 - perangkap hewan air

(물고기) 덫; 삐까까 (memasang

perangkap hewan air yang terbuat

dari bambu)▷(물고기)나무로 만든 덫

을 놓다.

까까부아 - alat pancing

낚시 도구; 삐까까부아 (memancing)▷

낚시질하다.

까까타티 - burung

새.

까까투 - saku (lipatan baju/sarung)

untuk membawa sesuatu

무언가를 들고 넣을 주머니(옷, 사룽의 주

름), 삐까까투 (membawa sesuatu

dengan disimpan di lipatan (baju/

sarung)▷주머니에 넣을 어떤 것을 가지

고 오다.

까까카 - dada, bagian dada
가슴, 흉부.

까까랑까 - keranjang kecil
작은 바구니.

까깜포파 - jedela
창문.

까까빠롸 - rumah kecil tempat menjaga
kebun
작은 집, 오두막.

까까뚜아 - kakatua, sejenis tang
앵무새의 일종.

까까우 - alat parutan (kelapa)
줄, 강판; 삐까까우 (memarut)▷줄로 갈
다, 줄질하다.

까께 - kaki
발; 삐까께 (jalan kaki)▷걸어서 가다.

까끼티 - sebentar
이따가, 나중에.

까끼이 끼이 - air panas
뜨거운 물.

까꼬코 - berkokok
수탉이 우는 소리, 수탉이 울다.

까꼬롸 - takikan
(나무 따위의) 생채기, 째진금, 째다, 생채
기를 내다; 찌까꼬롸 (tertakik)▷벗긴.

까꾸 - kaku
뻣뻣한, 딱딱한, 술술 움직이지 않는.

까꾸키 꾸키 - mainan
장난감, 완구; 삐까꾸키 꾸키 (bermain
dengan mainan)▷(악기를) 연주하다.

까롸디 - keladi
타로토란.

까롸페아 - jemuran, tali gantungan
pakaian
옷걸이, 갈고리.

까롸에로 - pengacau
선동자, 반란자.

까롸페사 - kesempatan, peluang
한가로운, 시간이 있는, 방해 없는.

까롸마따 - sala lihat, luput
순식간에.

까람베 - anak gadis
여자(미혼), 처녀; 까까람베 (usia gadis
remaja)▷소녀.

까롸무타 - mudah-mudahan bisa
얕보다, 사소하게 여기다; 삐까롸무타
(menganggap enteng, memanfaatkan)
▷❶ 얕보다 ❷ 이용하다

까랑까 - keranjang
바구니; 까랑까노 케붖 (keranjang
sampah)▷청소 도구.

까롸오 롸오 - ceplas ceplos
말해 버리다.

까롸시 - ❶ kelas ❷ curang

❶ 교신 ❷ 학급.

까뻬뻬이 - wabah penyakit, musim
penyakit
전염병, 유행병.

까뻬뻬빠 - titian penyeberangan
다리, 교량.

까쎔방우 - bambu untuk memanjat
지지물, 받치는 물건.

까쎔바따 - kayu pemikul, pikulan
운반도구.

까뻬로 - keliru, kacau
틀린; 빠까뻬로 (mengacaukan)▷틀린
것으로 만들다.

까삐 까삐 - kali kali
곱셈.

까렝아 렝아 - pelupa, suka lupa
잘 잊는 사람, 건망증이 심한 사람.

까삐오 - tebang, menebang
(나무를) 베다, 베어 넘기다.

까삐부 삐부 - rindu, kangen
그리워하다, 보고 싶다; 까삐부 삐부아소
(menrindukan)▷~을 갈구하다.

까로아 - kelelawar
박쥐의 일종.

까로부 - ❶ tenggelam ❷ meninggal
dalam kandungan
❶ 배에 물이 들어가다 ❷ 태어나기 전에
죽다.

까로에바 - gantungan
갈고리, 옷고리, 줄; 까로에바노 파주
(gantungan pakaian)▷옷걸이.

까롬바 - lobang
구멍; 고까롬바 (berluang)▷구멍이 있
다; 삐까롬바이 (melobangi)▷꿰뚫다.

까로수아 - anak lesung
방아 (쌀을 찧는).

까루 - ❶ melingkar, melilit ❷ lumpuh
(ketuaan)
❶ 꼬이다, ~의 둘레를 감다; 삐까루 까루
(melilit)▷~의 둘레를 감고 있다 ❷ 마비.

까루이 - sarung bayi
(아기 몸을) 싸는; 삐까루이
(menyelimuti bayi)▷용기에 놓다.

까마하 - makanan
음식.

까마로 - cat
페인트; 찌까마로 (tercat)▷페인트를 칠
하게 된; 삐까마로 (mengecat)▷페인트
를 칠하다.

까만다 - karet pinggang
바지의 줄.

까마누 마누 - layang layang
연; 삐까마누 마누 (bermain layang
layang)▷연을 날리다.

까망이 - (daun) kemangi

나륵풀(홀리 바질 잎).

까마운두 - lembab (pakaian)

습기 많은.

깜바 - bunga

꽃; **깜바 깜바** (bunga-bunga)▷꽃들; **꼬 깜바** (berbunga)▷꽃을 피우다.

깜바카 - aliran sungai kecil

작은 강.

깜바키 - benang

실, 피륙 짜는 실.

깜바따 - sejenis nyanyian saat bekerja bersama-sama di Ciacia)

(함께 일할 때 부르는 찌아찌아 노래).

깜바비네아 - menyukai banyak perempuan

바람둥이.

깜베베 - kambewe (penganan jagung muda)

옥수수 과자(부톤의 특수 과자); **삐깜베베** (membuat kambewe)▷옥수수 과자를 만들다.

깜보이 - senyuman

보조개; **깜보이 음보이** (suka senyum)▷자주 웃다.

깜보로 음보로 - udang yang masih kecil kecil

작은 새우.

깜보세 - kambuse (jagung pipil rebus)

삶은 옥수수.

깜부에 - kecipir

날개콩 (야채의 종류).

깜부카따이 - memercikan air

뿌리다.

깜부쿠 - bisikan

속삭이다; **깜부쿠이** (membisiki)▷~에게 속삭이다; **삐깜부쿠** (berbisik bisik) ▷공모하다, 음모를 꾸미다.

깜부뻬사 - kambuh kembali

병이 도지다, 재발하다.

깜하네 - orang kuat, jagoan,

선수, 지도자, 대장부.

깜하네아 - kelamin laki-laki

남자 성기.

까미나하 - tanah kelahiran, asal

고향, ~에서 오다.

까몬도 - ❶ kesepakatan ❷ ilmu tentang keluarga

❶ 동의, 일치, 만장일치 ❷ 가정의 인식.

까몬도아 - perlengkapan

준비, 구성, 설립.

깜빠뻬이 - halangan, rintangan

방해, 장애, 제한.

깜빠루소 - tidak bertenaga, tidak

semantic
힘없는, 피로한, 지친.

깜빵아 - simpangan cabang kayu
나뭇가지.

깜빵에 - kampanye
(사회적) 운동, 권유, 유세.

깜빠우 음빠우 - mengantuk
졸리다.

깜삐키 - lumbung/penyimpanan padi
벼의 창고, 헛간.

깜삐삐 - pelipis
관자놀이.

깜뽀 - kampung
마을, 촌락, 시골.

깜뽀하이따 - pakaian yang dijemur,
jemuran
말리는 물건, 건조물.

깜뿌타이 - mencolek
만지다; 까깜뿌타이 (colekan)▷만지는
것; 뽀깜뿌타이 (saling mencolek)▷서
로 만지다.

깜뿌쿠이 - kain penutup kepala khas
Buton
부톤의 천 모자; 삐깜뿌쿠이 (memakai
kampurui)▷부톤의 천 모자를 쓰다.

깜뿌쿠니 - jagung tumbuk
분쇄된 옥수수.

깜뿌가 - serabut pohon enau
사탕 야자의 엽맥.

깜뿡아 - simpangan, persimpangan
지류, 분기.

깜뿌수 - kampus
캠퍼스, 대학교.

까나 - perkataan yang benar
올바른, 곧은, 공정한.

까나리 - pohon kanari
카나리아.

까나반찌아 - dibenci, dibicarakan orang
스캔들.

까나가우 - keputusan sendiri/sepihak
원함, 소원, 의향.

깐짜누 은짜누 - nakal, suka usil, suka
mengganggu
불량배, 악당, 악한.

깐짜사 - tempat pengeringan kacang
tanah yang baru dicabut
땅에서 새로운 콩을 보관하는 건조실.

깐찌 - ❶ mengait kaki ❷ bulir
❶ 갈고리로 발을 걸다 ❷ 쌀의 이삭.

깐찌아 - pakaian
옷, 의복, 의상; 삐깐찌아 (berpakaian)
▷옷을 입다.

깐찌아렘보 - berseteru dengan
kelompok/suku lain

다른 민족과 싸우다; **삐깐찌아룀보아**
(perseteruan dengan kelompok/
suku lain)▷다른 민족과 적대하다.

깐찌키피 - pancuran air
주둥이, 꼭지 (수도, 샤워기 따위의).

깐찌빠빠 - sarapan
아침 밥; **삐깐찌빠빠** (sarapan pagi)▷아
침을 먹다.

깐찌뢰 - jari kelingking
새끼 손가락.

깐찌오 - sayur yang dimasak kering
(야채) 마른 요리.

깐쫑아 - ngarai
계곡, 골짜기, 협곡.

깐쪼소 - bekam (istilah medis bekam
Ciacia)
살을 째고 피를 내다; **삐깐쪼소**
(membekam)▷살을 째고 피를 내다.

깐쭈쿠마오 - tidur sejenak, tidur ayam
꾸벅꾸벅 졸다.

깐쭈누 - sesuatu yang sudah dibakar
untuk dimakan
고기 구이; **삐깐쭈누** (membakar
sesuatu untuk dimakan)▷고기 구이
를 만들다, 재고 피를 내다.

깐다 - luka
상처, 부상, 손해, 타박상; **꼬깐다**
(muncul luka pada kulit)▷상처이 있
다, 부상이 있다.

깐다하이또 - kudis
옴 (피부병), 개선; **꼬깐다하이또**
(berkudis) ▷옴이 있다.

깐다빠까 - gelagar
합판; **삐깐다빠까** (memasang gelagar)
▷나무로 만든 바닥 기둥을 세우다.

깐디데 - nyanyian menidurkan bayi
아기의 노래; **삐깐디데** (menyanyi
menidurkan bayi)▷아기 노래를 부르
다.

깐디카하 - parasit
기생식물.

까네아 - kebiasaan
습관, 관습, 문화; **까네아노** (pada
biasanya)▷보통, 일반적으로; **까네아모
노** (sudah biasanya)▷습관적으로.

깐지 - kanji
녹말, 전분.

깐조뢰 - jin, setan
귀신.

깐따테아 - tiang penyanggah dinding
기둥.

깐따카마사 - tempat berpegang ketika
naik tangga
사다리의 손잡이.

깐따사우 - ubi kayu

고구마의 일종.

깐뗑에이 - ikut-ikut bicara orang

다른 사람의 말을 따라하다; **까깐뗑에이**

(mengikut-ikut bicara orang)▷다른

사람의 말을 따라하다.

깐띤 - kantin

매점, 군대의 매점, 구내식당.

깐또 - kantung

비닐 봉지.

깐또부 - menombak

창으로 찌르다, 찔러 죽이다; **찌깐또부**

(tertombak)▷꽂는, 심는.

깐또포 - jagung rebus

삶은 옥수수.

깐또키 - kantor

사무실.

깐똥우 - hentakan kaki

보폭, 걸음; **삐깐똥우** (menghentakan

kaki)▷걸음하다.

깡에쭈 - usaha, harta

노력, 진력, 노동, 재산; **꼬깡에쭈**

(mempunyai usaha, punya harta)▷

노력이 있다, 재산이 있다; **삐깡에쭈**

(berusaha/bekerja mencari nafkah)

▷노력하다, 생활비를 벌기 위해 일하다.

깡구루 - kangguru

캥거루.

까응쁘리 응이쁘리 - rahang

관자놀이.

깡까 - ❶ laba laba ❷ mencakar

❶ 거미 ❷ 할퀴다.

깡까쿠 - mencakar dengan kuku

발톱 (동물, 새); **찌깡까쿠** (tercakar)▷할

퀴는; **뽀깡가쿠** (baku cakar)▷서로 할

퀴다.

깡꼬 - kangkung

깡꽁 (공심채, 인도네시아 야채).

깡꼬부 - tempat penumpukan jagung

dengan memakai tali

끈(밧줄)으로 옥수수를 쌓아 올리는 곳.

깡꼬로이 - air asam untuk masakan

ikan

시큼한 물(생선요리용 산성수).

까응오로 응오로 - tengkuk, kuduk

목덜미.

깡우뻬 - pergelangan tangan

손목.

까오코 - mantra, jampi-jampi

마법; **삐까오코** (memantra mantrai)▷

마법을 걸다.

까홈보 - barang yang

bermantra-mantra

호신패, 부적; **삐까옴보** (memberi

mantra-mantra)▷호신패를 주다.

까홈뿌 - bangsal

창고, 헛간, 지붕; **뻬까옴뿌** (membuat bangsal)▷창고를 만들다.

까옴뿌노 타봉아 - jodoh

▷짝, 상대, 배우자.

까빠 - kapas

생면, 솜, 면화.

까빠에아 - pepaya

파파야.

까빠자바 - pohon kapuk

케이폭(솜나무).

까빠까 - batari

사탕수수의 일종.

까빠라 - ❶ kapal ❷ pemimpin

❶ 배; **까빠라 사우** (kapal kayu)▷나무로 만든 배; **까빠라 우다라** (pesawat udara)▷비행기 ❷ 지도자, 지휘자, 안내자; **까빠라 깜뽀** (kepala kampung)▷마을 족장.

까빠라 바뚜 - keras kepala

고집이 세다,

까빠뻬 - orang pincang

절름발이의.

까뻬카 - ludah

침, 타액; **뻬카찌에** (meludahi)▷~에 침을 뱉다; **뻬까뻬카** (meludah)▷침을 뱉

다.

깝수룩 - kapsul

(약 따위의 용기)캡슐.

깝떼니 - kapten

함장, 선, 기장.

까뻰다 - jejak kaki, bekas tapak kaki

자국, 인상, 흔적; **꼬까뻰다** (punya bekas kaki)▷자국이 있다.

까삐소 - pisau

나이프.

까삐따라오 - kapten laut

선장.

까삐띠 - kepiting

게.

까뽀이 - sanggup

할 줄 알다, 할 수 있다.

까뽀루까 - kura kura

거북이.

까뽄도 - buntung, tidak berekor

꼬리(동물의)가 없는.

까뽕꼬로 - sanggul

상투, 틀어올린 머리; **뻬뽕꼬루** (menyanggul rambut)▷틀어올린 머리를 하다.

까뿌아까 - selatan

남쪽(의).

까뽀로 - kapur

분필.

까뿐도찌 - kunang-kunang

개똥벌레.

까뿐또 - kaos

속옷, 티셔츠, 양말; **삐까뿐또**(mema

kai kaos)▷속옷, 티셔츠를 입다, 양말을

신다.

까라찌시 - karcis

입장권, 승차권, 표.

까라마 - keramat

신성한, 성스러운.

까람바 - keramba

물고기 양계장.

까란띠나 - karantina

검역, 검역소; **까란띠나헤**

(mengkarantina)▷검역소에 가다; **찌**

까란띠나 (terkarantina)▷검역소에 가

는.

까라떼 - karate

가라데 (일본의 무술).

까라또 - keraton

자바섬의 왕궁.

까라뚜우 - kartu

카드; **삐까라뚜우** (bermain kartu)▷카

드를 하다.

까로께 - karoke

노래방; **삐까로께** (main karoke)▷노래

를 하다,

까루 - karung

자루, 부대, 가마니; **삐까루**

(memasukan dalam karung)▷자루에

넣다.

까루뿌 - kerupuk

(바나나, 고구마 따위를) 썰어서 튀긴 것.

까삼빠이아 - kemasukan roh

귀신에게 홀린.

까사시 - kasasi

기각, 폐기.

까세 - kaset

카세트.

까시다 - kasida

이슬람의 시.

까시마 - kerang

조개.

까시투 - sendok

숟가락; **삐시투** (menyendok)▷숟가락

으로 ~을 집어 들다.

까시시 - pagar keliling kandang dari

bambu

대나무로 만든 담 (울타리); **삐까시시**

(memasang pagar keliling kandang

dari bambu)▷담 (울타리)를 만들다.

까소 - kasau

서까래.

까소아미 - kasoami

카사바로 만든 대표적인 부톤 전통음식.

까수아리 - kasuari

화식조 (새).

까소코 - kasur

(침대의) 매트리스.

까소라노 똠비 - tiang bendera benteng keraton Buton

부톤 요새의 깃대.

까수삐 - jepit, menjepit

젓가락, 압착하다, 죄다, 압박하다.

까따파 - lantai papan kayu

나무로 만든 바닥.

까따기아 - ketagihan

좋아하게 되다.

까따모이 - tidak mau berbicara dengan seseorang (pernah berselisih paham)

반대하다, 마음이 내키지 않다; 뽀까따모이▷(tidak baku bicara) 서로 마음이 내키지 않다.

까따우 - santet, guna-guna

마법, 요술; 삐까따우 (menyantet, mengguna-guna)▷마법을 만들다.

까떼아 - alas, pengalas

기초, 근거, 내증; 삐까떼아 (mengalasi)▷덮다, 깔다.

까떼라 - jagung

옥수수; 삐까떼라 (bertani jagung)▷옥수수를 재배하다.

까뗀데 - sejenis permainan anak-anak bola atau lidi

일종의 어린이용 전통 놀이.

까떼삐 - nyiru

(낱알, 겨 따위를) 까부르다.

까떼레 - orang lemah/tidak kuat

겁쟁이, 비겁자.

까띤띠 - perahu katinti

작은 배.

까또아 - batang leher

목.

까똠베 - ketombe

비듬.

까또 까또 - kentongan

(신호 따위를 보내기 위한) 북 소리.

까또꼬 - tongkat

지팡이, 막대기; 삐까또꼬 (berjalan memakai tongkat)▷지팡이를 쓰다.

까또뤽 - agama Katholik

로마 가톨릭 신도.

까또호 - ❶ ajal ❷ sistem kerja membantu sesama di Ciacia

❶ 운명, 수명 ❷ 찌아찌아의 관습 (함께 다른 사람을 돕다).

까뚜루시 - tebusan

석방, 해방.

까뚬바라 - ketumbar

고수(미나릿과 의풀).

까우쿠 - ketupat besar

큰 바나나 잎 따위로 싼 주먹 밥.

까우무 - kaum, etnik

친족, 혈연; 삐까우무 (turut membantu dalam acara keluarga)▷친족을 돕다.

까후나따하 - tempat penyimpanan sesuatu

저장고, 창고.

까후나 우나 - simpanan

저금, 예금; 꼬까우나 우나 (mempunyai simpanan)▷저금이 있다.

까훈따 - ajimat

부적, 주물, 물신, 호신패.

까후베이 - sejenis bumbu masakan

조미료.

까바 - kawat

철사, 철망, 피복전선.

까바뤼 - kuali

프라이팬의 일종; 까바뤼 보뤼오 (kuali yang terbuat dari tanah)▷튀기기 위한 프라이팬.

까바오 - sejenis bisul (lebih besar)

종양, 종기, 궤양.

까베 까베 - waria

여장남자, 동성애자.

까베아 베아 - tempat menyimpan bahan makanan di atas dapur

주방 위 식재료 보관소.

까베뻬아 - gigi taring

송곳니.

까비 - kawin, menikah

결혼하다; 까비아 (perkawinan)▷결혼; 빠까비▷~을 결혼시키다.

까빈쭈 - bisul

궤양; 꼬까빈쭈 (berisul)▷궤양이 있다.

까보보 - siulan

휘파람 소리; 삐까보보 (bersiul)▷휘파람 소리를 내다.

께파 - ❶ takik, menakik ❷ penyakit yang diakibatkan dari kesalahan pemasangan kerangka rumah

❶ 수액을 받다; 찌께파 (tertakik)▷수액을 받는; 삐께파 (menakik)▷(나무에서) 수액을 뽑아내다, 금기, 타부 ❷ 집을 지을 때 잘못되어 생기는 병 종류.

께짜뿌 - kecap

케첩 (소스).

께헤 - menangis, tangisan

울다, 눈물을 흘리다; 께헤비 (menangisi)▷~때문에 울다; 삐께헤 께헤 (menangis nangis)▷계속 울다.

께카 - taksir, menaksir

추측; 께카 께카 (taksiran)▷견적, 대략;
삐께카이 (menaksir)▷평가하다, 견적
하다.

께케 - alis

눈썹.

께케뿌 - gigit, menggigit

물다, 물어 뜯다; 까께케뿌 (gigitan)▷물
린 자국; 삐케케뿌 (menggigit)▷물어뜯
다.

께주 - keju

치즈.

께께삐 - menggendong

압착하다; 뽀께께삐 (baku gendong)▷
압착하다.

께께레 - keker, mengkeker

쌍안경, 망원경; 삐께께레 (mengkeker)
▷망원경(쌍안경)으로 보다.

께뗴 께뗴 - menggeli-nggeli

간질이다.

께린찌 - kelinci

토끼.

께룩 - bengkok

(좌우로) 커브를 트는, 회전한; 빠께룩
(membengkokan)▷틀다, 회전하다; 께
룩찌 (meliliti)▷~을 틀다; 뽀께룩 께룩

찌 (saling melilit lilit)▷서로 틀다.

께마 - ❶ kemah, berkemah ❷
meruncingkan

❶ 천막, 텐트, 야영하다, 천막을 치다 ❷
날카롭게 만들다.

께메자 - baju kemeja

셔츠.

껨빠 - pincang (susah berjalan)

절름발이의, 불구의.

껨뻬시 - kempes

바람이 빠진, 펑크 난; 빠껨뻬시
(mengempeskan)▷바람이 빠지게 하
다.

께오 - ❶ bunyi keok ayam ❷ potongan,
irisian

❶ (닭이) 꼬꼬울다; 꼬께오 (berbunyi
keok) (닭이) 꼬꼬울다; 삐께오 께오
(ayam berkeok-keok)▷(닭이) 많이 꼬
꼬울다 ❷ 한조각, 일부분, 얇게 썰다, 잘
라내다.

께뻬 - ❶ uang istilah lain ❷ stroke

❶ 돈 ❷ 뻣뻣한, 딱딱한.

께뻬레 - kiper

골키퍼.

께레따 - kereta

차량, 탈것, 객차; 께레따 아삐 (kereta
api)▷기차.

끄레디띠 - kredit

신용, 신용대부, 명성.

끄레아시 - kreasi

창조.

끄리닉 - klinik

진료소, 병원.

끼아 - hujan

비; 꼬끼아 (hujan turun)▷비가 오다.

끼아이 - kiai

(이슬람교의) 신학자.

끼아마 - kiamat

종말.

끼타 - kejang kejang, mengejang

몸이 뻣뻣한, 몸이 딱딱한.

끼랴 - sekejap

순식간; 꼬끼랴 (sekejap)▷순식간에; 아

꼬끼랴하 (sekejap mata)▷눈 깜짝할 사

이에.

끼랴랴 - ramalan

점, 길흉; 삐끼랴랴 (meramal)▷점을 쳐

주다.

끼리마따이 - mengintai

지켜보다, 관찰하다.

끼로 - ❶ ukuran berat, kilogram ❷

kilometer

❶ 저울, 천칭, 킬로그램; 삐끼로

(menimbang)▷무게를 달다 ❷ 킬로미터.

끼로뤼 - ❶ mengosok mata ❷ memutar

❶ 눈 비비다 ❷ 돌리다.

낀도뤼 - memijat

손가락으로 누르다, 압박하다.

낀따랴 - kintal, lahan

두꺼비의 일종.

꼬아 - burung hantu

올빼미.

꼬아코 - terlalu aktif

활동적인 아이.

꼬하따 - panjang

긴, 길다; 까꼬하따 (sepanjang)▷~을 따

라서, ~을 쫓아서; 빠꼬하따

(memperpanjang)▷늘이다.

꼬부쿠 - kuburan

무덤, 묘혈; 삐꼬부쿠 (mengubur)▷묻

다, 파묻다, 매장하다; 삐꼬부쿠아

(penguburan)▷매장, 장례.

꼬부꾸 - kuat

힘센, 기운 있는, 강한.

꼬파 - cabut, mencabut

뽑다; 찌꼬파 (tercabut)▷뽑혀진; 삐꼬

파하 (pencabutan)▷폐지, 취소, 말소.

꼬짜 - kocak

흔들거림, 진동.

꼬찌까 - penentuan hari baik (istilah)

길일; 삐꼬찌까 (menentukan hari

baik)▷길일을 결정하다.

꼬쭈 - kentut
(위장 속의) 가스, 고창, 방귀; **삐꼬꼬쭈**
(kentut)▷가스를 내보내다, 방귀를 내보
내다.

꼬쭈후 - benar adanya
맞는, 틀림 없는; **사꼬쭈후노**
(sebenarnya)▷사실은.

꼬쭘부 - puncak
(나무의) 어린 이파리, 싹.

꼬데 - kode
신호, 암시, 경보.

꼬타 - burung kakatua
앵무새의 일종.

꼬토 - tidak bisa berbicara/bersuara
말이 안 나오다.

꼬투 - kecekuk
목이 메다.

꼬에아 - burung elang
매.

꼬카 - sisa kotoran air
폐물, 쓰레기.

꼬카이 - kuras, menguras
물로 씻어 내리다; **찌꼬카이** (terkuras)▷
물을 씻어 내리는; **삐꼬카이** (menguras)
▷물을 씻어 내리다.

꼬호 - burung angsa
왜가리.

꼬호사 - ombak, arus
물결, 파도.

꼬이따 - gurita
낙지.

꼬자 - gurauan
농담, 익살; **꼬자 꼬자** (senda gurau)▷
농담, 익살; **삐꼬자 꼬자** (bersenda
gurau)▷농담하다.

꼬자가 - berhati-hati
지켜보다, 조심성 있는.

꼬까이 - menarik/melepas daun
나무 잎을 끌어 당기다. 따다.

꼬끼 - mengahancurkan dengan jari
tangan
밟다; (menghancurkan,
meremukan)▷밟다, 깨뜨리다.

꼬꼬 - undur undur
개미귀신.

꼬꼬함뿌 - pendek
(키가) 작은, 낮다; **빠꼬꼬함뿌**
(memendekan)▷낮아지다.

꼬꼬티 - kecil
작은; **꼬꼬티 파로노**▷(berkecil hati)
마음이 작다, 실망한.

꼬꿈바 - kemaluan perempuan (istilah
lain)

여자의 성기.

꼬꼬삐니 - burung walet

제비(의 일종).

꼬꼬떼에 - bunyi kokok ayam betina

(닭) 꼬꼬 하고 울다.

꼬꾸쿠 꾸쿠 - tubuh penuh penyakit kudis

옴이 많다, 개선이 많다.

꼬람부 - kelambu

모기장; 삐꼬람부 (tidur memakai kelambu)▷모기장을 치고 자다.

꼬뻬마 - ranjang

침대.

꼬뢰에 - jangan

~ 하지 않다.

꼬뢰 꼬뢰 - sampan

나룻배.

꼬뢰뢰 - berkeliling

둘아다니다; 꼬뢰뢰비시 (mengelilingi) ▷둘러싸다.

꼬뢰부노 - rantauan, daerah rantau

외국, 국외, 해외.

꼬로까 - kutu busuk

벼룩.

꼬로네뻬 - kolonel

대령.

꼬로뿌따 - lipatan lutut

관절.

꼬로우 - kopra

야자 (열매를 말린 것).

꼬로후마 - sejenis kerang

조개 종류.

꼬로바 - teluk

계곡, 골짜기, 협곡.

꼬로부 - lembah yang rata

평평한 계곡, 낮은 평지.

꼬마 - ❶ (tanda) koma ❷ koma, tidak sadar diri

❶ 코마, 쉼표 ❷ 의식이 없는.

꼼바 - ❶ mandul, tidak bisa beranak ❷ batang pohon jagung yang sudah dipanen

❶ 불임의, 아이를 못 낳는 ❷ 수확한 옥수수 가지.

꼼바 꼼바 - kupu kupu

나비.

꼼비 - memelihara (ternak)

(동물) 지키다, 돌보다.

꼼부 - keranjang rotan (dipakai wanita)

대나무로 만든 바구니.

꼬믹 - komik

만화책.

꼬미떼 - komite

위원회.

꼬무우 - bergemuruh

천둥처럼 울리는.

꼼빠 - pompa

펌프; **찌꼼빠** (terpompa)▷펌프된; **삐꼼빠** (memompa)▷펌프질하다.

꼼삐 - kompi

중대.

꼼삐토 - berkedip

반짝이다; **삐음삐토 음삐토** (berkedip-keip)▷반짝 반짝이다.

꼼삐우떼레 - komputer

컴퓨터.

꼼뽀로 - kompor

곤로, 스토버.

꼬나우 - enau, pohon enau

사탕 야자; **삐꼬나우** (menyadap pohon enau)▷사탕 야자의 수액을 뽑아내다.

꼰찌 - sisir (pisang)

바나나 다발 (송이).

꼰쪼 - teman dekat

동료.

꼰다로 - dalam

깊은; **까꼰다로사** (kedalaman)▷깊이.

꼰도쭈아 - tengah hari

정오, 한낮.

꼰도쿠아 - cumi-cumi

오징어.

꼰두 - orang gila

미친.

꼰두우 - berbunyi

소리나다; **빠꼰두우** (membunyikan)▷소리내다.

꼬니 - tahu, mengetahui

알다, 이해; **찌꼬니** (katahuan)▷알려지다, 인지되다; **까꼬니아** (terkenal)▷지식, 학문; **뽀꼬니** (saling mengenal)▷서로 이해가 되다, 서로 알다; **뽀꼬니아** (waktu waktu yang disukai)▷좋아하는 시간.

꼬니끼 - ❶ terasa gatal di seluruh badan ❷ ditemukan dimana-mana

❶ 온몸이 가렵다 ❷ 여기 저기 있다.

꼰떼 - kental

진한; **빠꼰떼** (mengentalkan)▷진하게 하다.

꽁아아 - suka meminta sesuatu, suka menangis

물건을 달라고 하는 것을 좋아하다, 우는 것을 좋아하다.

꽁끼라 - mengkilat

빛나다, 반짝이다.

꼬홈뿌 - ❶ menantu ❷ mertua

❶ 며느리, 사위 ❷ 장인, 장모, 시부모.

꼬뻬라시 - koperasi
공동조합.

꼬뽀 - menggenggam
움켜쥐다, 장악하다; 까꼬뽀 (genggaman)
▷수중, 손아귀.

꼬뽀로 - koper
트렁크, 여행용 큰 가방.

꼬뿌후 - jantung pisang
바나나 꽃봉우리.

꼬라 - koran
신문.

꼴바니 - korban
희생자.

꼬리 - kori, pembaca qur'an (laki laki)
코란을 잘 읽는 남자.

꼬리하 - kori, pembaca qur'an
(perempuan)
코란을 잘 읽는 여자.

꼬세 - kusen
창틀.

꼬소 - kosong
빈, 비어 있는, 효과 없는.

꼬수 - kos, rumah kos
셋집, 셋방에서 살다.

꼬따 - kota
도시, 시내.

꼬떼빠 - jatuh
떨어지다; 뽀떼빠키 (berjatuhan)▷많이
떨어지다.

꼬또 - dapat memotong, tajam
(무기 따위에) 부상을 당하는; 꼬또혜
(dapat dipotong)▷부상을 당할 수 있
는; 찌꼬또 (dapat terpotong)▷부상을
당하는 것.

꾸아 - ❶ rambut putih ❷ mencungkil
백발, 흰머리 ❷ 올리다, 넘어뜨리다.

꾸아찌 - mencungkil
올리다, 들어올리다; 찌꾸아찌
(tercungkil) ▷들어올리는 것; 까꾸아찌
(alat pencungkil)▷들어올리는 도구.

꾸아띠 - cubit, mencubit
꼬집다, 쥐어짜다; 찌꾸아띠 (tercubit)▷
꼬집히다; 까꾸아띠 (cubitan)▷꼬집음,
쥐어 짬.

꾸아사 - kuasa
권한, 권능; 꾸아사이 (menguasai)▷통
치하다, 장악하다; 꼬꾸아사 (berkuasa)
▷권한이 있다.

꾸아시 - kuas
붓; 삐꾸아시 (menguas, mengecat)▷
채색하다.

꾸바 - kuba
둥근 지붕, 둥근 천장.

꾸비 - ❶ kubik ❷ menumpuk,

tumpukan

❶ 3차원의 ❷ (돌, 나무) 쌓아놓은 것.

꾸타 - batuk

기침; **꼬꾸타** (sakit batuk)▷기침을 하
다; **삐꾸타 꾸타** (batuk batuk)▷기침을
하다.

꾸타이 - mencolek

긁다; **까꾸타이** (colekan)▷손톱 (길이)
만큼의 양.

꾸카 - kurang

적은 양의, 근소한; **빠꾸카** (mengurangi)
▷줄이다, 감하다, 삭감하다; **사꾸카 꾸카
노** (sekurang kurangnya)▷아무리 적
어도, 최소한.

꾸카하니 - qur'an

코란 (이슬람교의 경전).

꾸쿠 - mengkerut

바람이 빠진, 줄어들다, 작아지다; **빠꾸쿠**
(memengkerutkan)▷작아지게 하다.

꾸쿠이 - mengeruk bagian kulit

없어지게 하다, 사라지게 하다.

꾸쿤쭝오 - tumit

발 뒤꿈치.

꾸쿠세바 - penyakit cacar

천연두.

꾸일 - kuil

사원.

꾸꾸 - rapat/tidak ada celah

빽빽한, 촘촘한, 밀집한; **빠꾸꾸**
(merapatkan)▷집합시키다.

꾸꾸찌 - sengat, menyengat

(침 따위로) 쏘다; **까꾸꾸찌** (sengatan)▷
쏘다, 찌르다.

꾸꾸땅께 - teka teki

수수께끼.

꾸렘빠사 - ampas

(야자, 콩, 대두 따위의) 찌꺼기.

꾸뻬잠비 - penyakit kusta

발진, 피부병.

꾸삐 - kuli

일꾼.

꾸삐아 - kuliah

강의, 대학교에 다니다.

꾸루까시 - kulkas

냉장고.

꿈부 - ❶ kepal ❷ menggulung

❶ 움켜쥐다; **꿈부노 삐마** (kepalan
tangan)▷주먹, 철권 ❷ (실) 감다; **까꿈
부** (gulungan)▷실패, 얼레, 자세.

꾸문디 - kemiri

호두; **삐꾸문디** (mencari kemiri)▷호
두를 찾아 보다.

꾼찌 - ❶ kunci, mengunci ❷ dasar,
paling bawah

잠그다; **까꾼찌** (anak kunci)▷열쇠; **삐꾼찌** (mengunci)▷문을 잠그다 ❷ 밑, 바닥.

꾼데헤 - kelapa

야자; **삐꾼데헤** (keramas dengan santan kelapa)▷야자유로 머리를 감다; **삐꾼데헤찌** (memasak dengan santan)▷(요리) 야자유로 요리하다.

꾸니 - pantat

엉덩이.

꾸노 - kuno

옛날에, 고대의.

꾸누수 - kuku

손톱, 발톱.

꾸누수이 - melukai dengan kuku, mencubiti

따다; **찌꾸누수이** (dilukai dengan kuku)▷이미 딴.

꿍꾸 - mengurung

새장(우리)에 집어 놓다, 가두다; **찌꿍꾸** (terkurung)▷갇히다.

꾸빠 - istilah lain dari uang

금전, 통화, 비용.

꾸뽄 - kupon

쿠폰.

꾸뿌루 - kufur

이교도, 이단자, 비신자.

꿀마 - buah kurma

꾸르마 (과일 이름).

꾸리꾸룸 - kurikulum

커리큘럼.

꾸루바니 - kurban

희생; **삐꾸루바니** (berkurban)▷희생으로 바치다.

꾸루시이 - kursi

의자, 소파.

꾸루수수 - kursus

강좌.

꾸사이 - garuk, menggaruk

긁다, (땅을) 파다; **까꾸사이** (garukan, bekas garukan)▷긁힌 자극; **삐꾸사이** (menggaruk)▷긁다.

꾸세아 - ampas

폐물, 쓰레기; **꾸세아노 꾼데헤** (ampas kelapa)▷야자의 폐물.

꾸세헤 - kerang-kerang

조개.

꾸수 - kucak, mengucak

섞다; **찌꾸수** (terkucak)▷섞는; **삐꾸수** (mengucak)▷섞다.

꾸따 - bra (BH)

속옷.

꾸따비 - kitab, alkitab

경전.

라

롸 - ciri khusus nama laki-laki orang
Buton
남동술라웨시 부톤 왕가 자손의 남자 이
름 특징.

롸하 - batang
줄기, 대.

롸바 - untung
이득, 이익, 이윤; **꼬롸바** (beruntung)▷
이익을 내다, 이윤을 산출하다.

롸부 - ❶ buah labu **❷** ari ari bayi **❸**
berlabuh (kapal)
❶ 호박 ❷ 후산 ❸ (배가) 정박하다; **롸부
사** (pelabuhan, tempat berlabuh)▷
항구.

뤼분또우 - hutan
숲.

롸파 - ❶ takik, menakik **❷** bohong
❶ 째다, 생채기를 내다; **찌롸파**
(tertakik)▷째는; **까롸파따** (takikan)▷
(나무 따위의) 생채기; **삐롸파** (menakik)

▷째다, 생채기를 내다 ❷ 거짓말, 허튼
소리, 넌센스; **꼬롸파** (berbohong)▷거
짓말 하다, 허위로 말하다.

롸팡아 - antara, tempat kosong
틈, 사이; **꼬롸팡아** (terdapat antara/
tempat kosong)▷틈이 있다.

롸피 - lebih
더 많은, 더 큰, 더 우수한; **롸피에**
(melebihi)▷능가하다, 빼어나다, ~보다
낫다; **꼬롸피** (berlebih▷넘다, 초과하
다, 남다; **꼬까롸피아** (mempunyai
kelebihan)▷너무 많은, 남아 도는; **꼬롸
피 롸피** (berlebih lebihan)▷과대한, 지
나친, 과장한, 엄청난; **빠꼬롸피**
(melebihkan)▷늘리다, 증가시키다.

롸푸쿠 - pekerjaan menumpuk
경매, 공매; **롸푸쿠에** (membiarkan
menumpuk dan tidak terselesaikan)
▷경매하다, 공매하다.

롸엥아노 - mestinya, semestinya

했어야 했다.

라구 - lagu

노래; **삐라구** (menyanyi)▷노래하다; **삐**
라구 라구 (bernyanyi nyanyi)▷노래를
부르다; **빤데 미라구** (penyanyi)▷가수.

라하 - kejar, mengejar

쫓아 다니다; **찌라하** (terkejar)▷쫓기다;
삐까라하 (mengejar)▷~의 뒤를 쫓다;
뽀라하 라하 (berkejar kejaran,
berlarian)▷서로 쫓아 다니다, 서로 추
적하다.

라이 - memotong, mengiris

자르다; **라이 라이** (mengiris-iris)▷자
르다; **찌라이 라이** (teriris-iris)▷잘린.

라까분또코 - nama lain para leluhur
pemegang aturan adat (dalam suku
Ciacia Laporo)

찌아찌아 라뽀코의 관습을 지키는 조상
의 특별한 이름.

라깐떼케가 - salah satu cara memukul
gendang suku Ciacia

찌아찌아 북 치는 소리.

라라 - ❶ jalan ❷ cara, jalan keluar

❶ 길, 작은 길; **라라 또호바** (jalan
besar)▷큰 길 ❷ 방법, 방식.

라라로 - longgar

헐거운, 느슨한.

라레 - lalat

파리; **삐라레** (merajalela)▷마음대로 행
동하다.

라레끼오 - lalat besar

큰 파리 (동물).

라레빼 - kecoa

바퀴벌레.

라레사 - ❶ luas ❷ sempat

❶ 넓은, 관대한, 광활한; **빠라레사**
(memperluas)▷넓히다, 퍼뜨리다, 늘
이다 ❷ 기회, 여유, 광활; **까라레사**
(kesempatan)▷기회, 여유, 광활.

라렘부니 - menyembunyikan barang
orang

숨기다.

라렝아 - mengosongkan tempat air
dengan dituang ke tempat lain

들어올리다.

라로 - ❶ lewat ❷ kelewatan ukuran ❸
hati, perasaan

❶ 경유하여, 통하여, 거쳐; **라로헤**
(kelewatan)▷통과하다, 지나가다, 통과
하다; **라로이** (melewati)▷통과하다, 지
나가다, 통과하다;**찌라로이**(dilewati)▷
통과할 수 있는; **뽀라로이** (berpapasan)
▷서로 통과하다, 서로 지나가다, 이리저
리 움직이다 ❷ 너무, 지나치게 ❸ 마음;

롸로노 시나하 (dalam hati)▷마음 안에.

뤠로사 - tembus, langsung

관통하다, 지나가다, 통하다; **롸로사하소** (tembus, langsung masuk)▷통과하게 하다.

롸루 - ❶ bengkak ❷ menyeluruh

❶ 온통, 모두 ❷ 확산되다.

롸루오 - longgar

헐거운, 헐렁한, 느슨한.

람바 - menghalang, memalang,

막다; **찌람바** (terhalang, terpalang)▷막히다, 차단되다; **까람바** (penghalang, palang)▷칸막이, 가리개.

람바오 - masakan yang apinya kurang baik

요리할 때 불이 안 좋은 상태로 음식에 간이 안 맞다.

람보꼬 - mengirim

보내다, 부치다; **찌람보꼬** (terkirim)▷보내는; **까람보꼬** (kiriman)▷탁송품; **삐람보꼬** (mengirim)▷보내다.

람빠 - penutup saji, tudung

광주리 뚜껑; **람빠이** (menutupi)▷덮다, 깔다; **찌람빠이** (tertutupi)▷덮는, 까는 (수동태); **까람빠이**(alat penutup)▷받침; 시트.

람빠하 - bayam

시금치과의 야채.

람삐 - menambah ganjalan, melapisi

(버팀목으로) 받치다, 지탱시키다; **찌람삐**(terlapisi)▷받쳐진; **까람삐**(pelapis)▷버팀 기둥, 버팀 목.

람삐오 - lampion

초롱불.

란짜우 - obat

약; **삐란짜우** (berobat)▷치료하다, 투약하다, 약을 쓰다; **삐란짜우아** (pengobatan)▷치료, 투약.

란다 - landak

고슴도치.

란도 - kelewatan, muncul

능가하다, 빼어나다.

란찌나우타 - angin kencang bersama hujan

바람둥이, 태풍.

란또 - ❶ terapung ❷ dapat membantu dalam kehidupan

❶ (물에) 뜨다, 떠다니다; **삐란또 란또** (terapung apung)▷표류하는, 이리저리 떠다니는; **빠란또** (mengapungkan)▷~을 띄우다, 뜨다 ❷ 인생에 보람이 있다.

랑아 - wijen

참깨.

랑아찌 - mengganjal
(버팀목으로) 받치다; **삐랑아찌**
(menggajali)▷(버팀목으로) 받치다; **까랑아찌** (ganjalan, pengganjal)▷마약
(대마초) 중독자.

랑아또 - tidak rata
평범하지 않다.

랑가 - mengganjal
(버팀목으로) 받치다, 지탱시키다; **찌랑가** (terganjal)▷혀가 굳은; **까랑가** (pengganjal)▷마약(대마초) 중독자.

랑가카 - surau
작은 이슬람사원.

랑이 - langit
하늘, 창공; **까랑이 랑이**(kain penutup saat mengazankan mayit dalam kubur)▷무덤에서 죽은 자를 위해 기도할 때 사용하는 천

랑까 - merayap, merangkak
기어가다, 기어 오르다.; **삐랑까**
(berjalan dengan merangkak/merayap)▷기어가다; **삐랑까비시** (merangkak untuk mengambil)
▷~을 기어가다.

랑께 - memasung, pasungan
족쇄, 족쇄를 채우다; **찌랑께** (terpasung)▷족쇄를 채운.

랑꾸 - sekat ruangan, sekat bilik
칸막이; **찌랑꾸** (tersekat)▷칸막이 된; **꼬랑꾸** (mempunyai sekat)▷칸막이가 있다.

롸 오데 - ciri khusus nama laki-laki
orang Buton
남동술라웨시 부톤 왕가 자손의 남자 이름 특징.

롸빠 - ❶ lepas ❷ lapa-lapa
❶ 풀다, 놓아주다, 풀어내다; **찌따롸빠** (terlepas)▷이미 풀려난; **뽀롸빠** (melepas)▷풀다, 놓아주다, 내버려두다 ❷ 야자 잎으로 싼 밥.

롸빵아 - lapangan
운동장.

롸빠시 - selesai
끝나다; **까롸빠시아** (sesi terakhir sebuah acara)▷마지막 행사, 최종.

롸빠또 - (nasi atau jagung) kurang masak, masak sebagian
밥이나 옥수수가 잘 익지 않은 상태.

롸뽀코 - laporo (suku laporo)
찌아찌아 민족 롸뽀코.

롸뽀라 - laporan
신고하다, 보고하다; **찌롸뽀라**(terlapor)
▷보고하게 된.

롸상엠빠 - sejenis setan bertopeng

가면.

빠시 - ❶ las, mengelas ❷ tunas, bertunas

❶ 용접; 찌빠시 (terlas)▷용접하는; 삐빠시 (mengelas)▷용접하다 ❷ 싹 (벼 식물).

빠띠 - melatih

연습하다; 빠띠하 (latihan)▷연습.

빠바 - pintu gerbang

정문.

빠바찌 - menjemput

❶ 마중 나가다, 마중하러 가다; 찌빠바찌 (dijemput, disyarati)▷이미 받은; 빤데빠바찌 (penjemput, orang yang biasa mensyarati)▷마중 나가는 사람.

빠베시 - mengganti memikul beban sesorang

부담을 대신 들어주다.

빠부에 - kacang merah

빨간 콩.

뻬앙이 - membuat liang lahat

무덤을 만들다; 까뻬앙이 (liang lahat)▷무덤.

뻬베 - orang yang mempunyai keahlian dalam menyelenggarakan kegiatan ritual adat

전통적인 의식 활동을 수행할 수 있는 전문가.

뻬뻬오 - melepuh

물집이 생기다.

뻬포 - genangan, tergenanng

홍수, 물이 넘친; 뻬포찌 (membanjiri, menggenangi)▷쇄도하다, 충만하게하다, 물에 잠기게 하다; 까뻬(genangan)▷물웅덩이, 못.

뻬고 - bebas, lepas, berkeliaran (ternak)

이리저리 거닐다, 배회하다; 삐뻬고 뻬고 (bebas berkeliaran)▷이리저리 거닐다, 어슬렁거리다; 뽀뻬고(melepas ternak)▷풀어내다, 내버려두다.

뻬카 - rela, ikhlas

성실한, 신중한, 참된; 뻬카히시에 (merelakan, mengikhlaskan)▷~에 전념하다, ~에 몰두하다, ~에 골몰하다; 까뻬카하 (kerelaan, keikhlasan)▷성실, 정직, 헌신.

뻬까 - buah (unit satuan piring/papan)

물건 숫자 단위; 아 뻬까 삐키 (satu buah piring)▷접시 한 개.

뻬까시 - kupas, mengupas

벗기다, 까다; 삐뻬까시 (mengupas)▷벗기다, 까다.

뻬빠 - menyala

타오르다, 불길을 내다, 불꽃같이 빛나다; 뻬라뽀 (terang cahayanya)▷빛나는; 삐뻬라 뻬라 (menyala-nyala)▷~을 격렬하게 태우다.

뻬뻬 - ❶ kabar, berita ❷ meniti

❶ 뉴스, 소식; 꼬뻬뻬 (tersebar berita)▷메아리 치다 ❷ 좁은 길(다리)을 통과하다; 까뻬뻬빠 (titian)▷다리; 삐까뻬뻬 (meniti)▷좁은 길(다리)을 통과하다, 기어가다.

뻬뻬앙이 - meraih-raih, membayangkan 묘사하다, 그림자를 드리우다; 삐뻬뻬앙이 (membayang-bayangkan)▷그림자를 드리우다.

뻬뻬헤 - air kencing 오줌, 소변; 삐뻬뻬헤 (buang air kecil)▷소변보다; 삐뻬뻬헤찌 (mengencingi)▷~에 오줌 누다, ~에 소변보다.

뻬뻬삐 - menggilas 깔아뭉개다; 치다.

뻬마리 - lemari 옷장.

렘바 - pikul, memikul (어깨로)짐을 나르다; 까렘바따(pikulan)▷(어깨에 얹어 나르는) 막대기; 삐렘바 (memikul)▷(어깨로) 짐을 나르다; 삐까렘바 (bekerja menjadi tukang pikul)

▷돈을 벌기 위해 (어깨로) 짐을 나르는 사람; 뽀렘바(memikul sesuatu dengan berduaan)▷맞들거나 여럿이 힘을 합쳐서 들어 나르다.

렘바가 - lembaga 조직, 협회.

렘보 - halaman 바닥, 정원, 광장, 운동장.

렘빠기 - melangkahi 넘어가다, 한도를 넘다; 찌렘빠기 (terlangkahi)▷이미 지나친, 넘어가는; 삐까렘빠기 (melangkah dengan tidak sopan)▷넘어가다, 한도를 넘다.

렌쩨비 - menulari ~에 전염되다, 감염되다, 퍼지다; 찌렌찌비 (tertulari)▷전염된, 퍼진.

렌쭈 - menaksir, menghitung 평가하다, 계산하다 ; 삐렌쭈 렌쭈 (menghitung-hitung)▷견적하다; 계산하다; 까렌쭈 (hitungan, taksiran)▷견적, 계산.

렌두 - ❶ gempa ❷ bunyi dentuman ❶ 지진 ❷ (대보, 폭탄 따위의) 큰 소리, 쿵; 꼬렌두 (berbunyi dentuman seperti bom)▷큰 소리를 내다.

렌떼 - benjol 혹, 부스럼.

렌떼오 - melepuh

물집이 생기다.

렝까 - air kencing

오줌, 소변.

렝께 - waria

남녀추니, 동성애자.

렝오 렝오 - waktu lowong sebelum kerja

빈둥거리다, 놀고 지내다, 한가롭게 쉬다.

레오 - ❶ terbang ❷ kasau

날다; **삐레오 레오** (terbang-terbang, berjalan dengan cepat)▷이리저리 날아 가다, 날아 다니다; **뽀레오** (menerbangkan)▷날려 보내다, (따위를) 날리다 ❷ 서까래, 장선(마루청을 받치는 것.

레빠 - ❶ menggilas ❷ memukuli

❶ 부딪히다, 들이받다 ❷ 부수다; **찌레빠** (dipukul)▷부수는; **삐까레빠** (main pukul)▷짓밟다.

레뻬 - samping, pinggir

족장, 우두머리.

레뻬까 - dataran tinggi, tanjakan

기운 토지.

레시 - les

과외.

레우까 - telur kutu

이의 알, 벼룩 알; **꼬레우까** (terdapat telur kutu)▷벼룩 알이 있다.

뢰아 - liang, gua

동굴.

뢰부 - mengeroyok, mengerumuni

압도하다, (물건 따위가) 위에서 덮치다; **찌뢰부** (dikerumuni, dikeroyok)▷압도하는; **까뢰부** (pengeroyokan, kerumunan)▷공격, 공습.

뢰끼 - menguliti, mencubit

가죽을 벗기다, 껍질을 벗기다; **뢰끼찌** (mencubiti)▷계속 꼬집다; **삐뢰끼** (menguliti)▷가죽을 벗기다.

뢰라호 - melihat keman-mana, gelisah

신경이 과민한, 침착하지 못한.

뢰뢰 - ❶ lilin ❷ keliling, memutar

❶ 양초 ❷ 돌다, 회전하다; **삐뢰뢰 뢰뢰** (keliling-keliling)▷이리저리 회전하다.

뢰마 - tangan

손; **빠라노 뢰마** (telapak tangan)▷손바닥; **봉아노 뢰마** (jari tangan)▷손가락.

림바 - keluar

밖으로 나가다; **빠림바** (mengeluarkan)▷끄집어내다, 끌어내다 나가게 하다; **뽀림바** (menyeberang)▷건너다.

림보 - tempat sekitar

영토, 지역; 뽀림보 림보 (tinggal berdekatan)▷인접한.

린다 - ❶ tari Linda ❷ hilang pikiran

❶ 찌아찌아 전통 춤; 삐린다 (menari)▷춤을 추다 ❷ 정신 없는.

린도 - menghindar

피하다, 도피하다.

리노 - kosong

없는.

린또 - menggeleng

머리를 좌우로 흔들다; 삐린또 린또 (menggeleng geleng)▷계속 고개를 젓다.

링까 - melangkah

걷다, 걸음을 옮기다; 까링까 (lagkah kaki)▷보폭, 걸음; 삐링까 링까 (melangkah langkahkan kaki)▷천천히 걷다.

링꾸 - berkhianat, selingkuh

사기, 배신, 속이다, 사기하다.

리스띠리끼 - listrik

전기.

리수 - meronta

신경이 과민한; 삐리수 리수 (meronta-ronta)▷계속 신경이 과민하다.

리부 - kampung, perkampungan

고향; 삐리부아 (kehidupan kampung)▷사회를 이루다, 단체를 형성하다.

로부 - ❶ menenggelamkan ❷ nasi bambu

❶ 물에 가라앉히다, 빠뜨리다 ❷ 대나무 밥.

로파 - serpihan kayu

작은 나무 조각.

로토 - turun ke bawah

미끄러져 내려가다, 빠져나간.

로에 - menggantung

을/를 걸다, 매달다; 찌로에 (tergantung)▷걸려 있는; 까로에바 (gantungan)▷갈고리, 옷걸이; 삐로에 로에 (tergantung gantung)▷매달리는.

로가 - molor, longgar

늘어진, 느슨한, 느즈러진; 빠로가 (melonggarkan)▷느슨하게 하다, 헐겁게 만들다.

로고 - ❶ logo ❷ menyalip

❶ 상표, 상징 ❷ 급하게 차를 몰다; 뽀로고 (berlomba)▷경쟁하다, 시합하다; 로고찌 (berlomba)▷낚아채다, 강탈하다; 뽀로고찌 (berlomba dengan waktu, memperebutkan)▷서로 낚아채다.

로호로 - waktu dzuhur, shalat dzuhur

무슬림의 낮기도 시간.

로끼아 - jahe
생강.

로로수아 - persendian
관절, 마디.

롬빠 - melompat
뛰어가다; 롬빠찌 (melompati)▷~을 뛰
어가다.

론도 - mencelup
물들이다, 착색하다, 담그다; 찌론도
(tercelup)▷이미 담그는, 착색하게 된;
까론도아 (tempat mencelup)▷담그는
것, 착색한 것; 삐론도 (mencelup)▷물
들이다, 착색하다, 담그다.

론따 - ❶ merentangkan (tali) ❷ tali
(besar) dari pohon
끈을 늘이다 ❷ (로프) 나무로 늘어뜨리
다.

론떼 - lonte, wanita panggilan
매춘부, 창녀.

롱까찌 - mencabut sesuatu
(membuka)
껍질을 벗기다.

롱께헤 - yang sana, yang itu
그것, 저것.

로빠 - benjol (terkena pukulan)
혹, 부스럼.

로뽀 - ❶ menabrak ❷ gondok

❶ 부딪히다 ❷ 갑상선; 꼬로뽀 (punya
gondok)▷갑상선이 있다.

로로 - lorong
골목.

로사 - ❶ tembus ❷ memberitahu
❶ 통과되다; 로사에 (tembus ke
sebelah)▷~을 꿰뚫다, 통과하다 ❷ (소
식을)~에게 알리다,

로시 - ❶ lusin ❷ urat punggung
❶ 12 개; 아 로시 (1 lusin)▷1 을로시
❷ 자동차가 넘어진, 근육의 등허리.

로수 - lesung
(나무로 만든) 절구통, 쌀을 빻는 기구.

로후 로후 - buah kelapa muda yang
masih kecil
작은 야자.

짜바 - gerbang
해협, 수로, 후미.

루아 - ❶ mengeluarkan dari mulut ❷
meluap
토하다, ~을 토해내다; 삐루아
(mengeluarkan dari mulut)▷토해내
다 ❷ 넘치다.

루꾸 - ❶ gusi ❷ (istilah) hewan yang
duduk dari berdiri.
❶ 잇몸 ❷ 앉는 동물.

루뤼 - inti, bagain dalam batang pohon

yang sudah keras.

나무 뼈골(속).

룩룩 - menggulung

구르다; **찌룩룩** (tergulung)▷구르는; **까룩룩아** (gulungan)▷두루마리; **뽀룩룩** (bergelut dengan sesuatu)▷~와 레슬링을 하다.

룸바 룸바 - ikan lumba lumba

돌고래.

룸부 - emosi

감동, 감격, 정서; **빠룸부** (membuat emosi)▷화나게 만들다.

룸부오 - gatal-gatal pada jari kaki/ tangan (setelah terkenah lumpur)

물벼룩 때문에 가려운.

룩무 - lumut

이끼, 조류; **꼬룩무** (berlumut)▷이끼가 끼다.

룸뿌 - lumpuh

마비된, 중풍의; **빠룸뿌** (melumpuhkan)▷마비시키다, 무력(무능)하게 만들다.

룬뚜루 - luntur

빛깔이 바래다.

룽꾸 - muncul benjolan

혹, 부스럼; **삐룽꾸 룽꾸** (benjolannya belum turun)▷혹이 나오다.

루삐 - melipat

접다, 겹치다; **찌루삐** (terlipat)▷접은 것; **까루삐따** (lipatan)▷주름, 구김; **삐루삐** (melipat)▷접다, 겹치다.

루라 - lurah

촌장, 읍장.

루후 - air mata

눈물; **꼬루후** (menetes air mata)▷눈물이 흐르다.

마

마하 - makan

먹다; **찌마하** (termakan)▷먹은; **까마하**
(makanan)▷음식.

마하나 - makna, arti

의미, 뜻.

마하따하 - maataa (istilah pesta adat)

찌아찌아 마을의 전통 축제.

마에아 - malu

부끄럽다; **까마에아** (perasaan malu)▷
부끄러움, 수줍음; **빠마에아**
(memalukan)▷~을 부끄러워 하다.

마에야사 - batu nisan

묘비.

마에야띠 - mayat

시체, 주검.

마가 - magang

견습.

마가리비 - maghrib

저녁 6시 이슬람 기도.

마캄베 - masih panjanng waktu untuk

bicara

이야기할 시간이 아직 많다.

마카사이 - susah, sulit

곤란, 어려운: **빠마카사이**
(menyusahkan)▷어렵게 만들다.

마키 - limpah

간장(장기), 비장.

마쿠기 - merugi

손해를 보다; **까쿠기아** (kerugian)▷손
해.

마하루꾸 - makhluk

(신의) 창조물, 피조 물 (인간, 짐승, 따
위).

마하 롸로 - terkejut, kaget

깜짝 놀라는, 놀라서 펄쩍 뛰는.

마헤봐 - lebar

넓은, 광대한, 광활한.

마이 - ❶ dan ❷ dengan, bersama
dengan ❸ mari, ke sini

❶ 와, 과 ❷ ~와 함께, ~와 같이 ❸ 여기

오다; **마이 까히나** (datang ke sini)▷이
리 와라.

마힘빠헤 - bagaimana
어떻게; **마힘빠헤 쩨쩨** (bagaimana
kabar)▷어떻게 지내요.

마이상이아 - mudah-mudahan
아무쪼록, 기원하다, ~하기를 바라다.

마자롸 - majalah
잡지.

마제뢰시 - majelis
위원회.

마지까 - majikan
주인.

마조 - ❶ maju ke depan ❷ berkembang
❶ 앞으로 나가다 ❷ 발전하다, 전진하다,
진보하다, 발육하다.

마조자 - suka menggoda, majoja
새치름한, 요염한, 교태부리는.

마끼타 - ❶ pintar, cerdas, cekatan ❷
cepat dalam berjalan
❶ 똑똑한, 영리한, 슬기로운; **까마끼타**▷
총명, 영리함, 솜씨 좋음 ❷ 빠른, 급속한,
빨리.

마롸호헤 - gelisah
신경이 과민한, 걱정하는.

마롸히까띠 - malaikat
천사.

마롸이오 - melayu
말레이 말.

마롸시 - malas
게으른, 태만한, 나태한.

마뢰게 - malige (rumah adat Buton)
부톤 전통적인 집.

마뢰무아 - hening, sunyi senyap
조용한, 정숙한.

마뢰뿌떼 - pucat
핏기가 없는, 혈색이 나쁜.

마루아소 - sayang, menyayangi
동정하다, 불쌍히 여기다; **까마루아소**
(kesayangan)▷애정, 애인.

마루두 - rabiul awal
이슬람력의 3월.

맘비오 - mentimun
오이.

맘부카 - lambat, lelet
느린, 늦은.

마마 - menghaluskan sesuatu dengan
dikunyah
더럽히다; **까마마** (sesuatu yang sudah
dikunya)▷폐물, 쓰레기; **뻬까마마**
(mengunyah sesuatu untuk
dihaluskan)▷더럽게 하다.

마무타 - ❶ murah ❷ mudah
❶ 값싼, 싼 ❷ 쉬운, 용이한.

만짜 - silat (jenis bela diri Ciacia)
전통 무술.

만짜코파 - kacau balau, amburadul
당황하는, 혼동하는, 혼미한.

만짜리 - mencari nafkah
밥벌이 하다; **만짜리아** (pencaharian)▷
생활 방편, 생계의 방법.

만찌 - tinta
잉크.

만쪼코 - panjang (ukuran rumah)
집의 길이.

만쭈아나 - ❶ orang yang sudah tua ❷
orang tua (ayah dan ibu)
❶ 늙은 사람 ❷ 부모님; **만쭈아나 모하네**
(suami)▷남편; **만쭈아나 모비네**(istri)▷
아내, 부인.

만다하 - tobat, bertobat
신에게 귀의하다.

만도코 - mandor
작업반장, 십장.

마니 마니 - manik manik
구슬; **꼬마니 마니** (bermanik-manik)▷
구슬이 있다.

마니루 - menyontek
베끼다, 모방하다, 커닝하다.

마니우 - menit
분 (시간).

마낭까삐 - suka jalan kesana-kemari
장난스러운

만따뻬 - terhambur, berpisah pisah
뿔뿔이 흩어진, 산재한; **빠만따뻬**
(menghambur, memisah misahkan)
▷흩어지게 하다.

만따따라 - batal, tidak jadi
헛되이, 헛된, 쓸모없는.

만떼가 - mentega
버터.

만띠리 - mantri
간호사.

마누 - ayam
닭; **마누 깜뽀** (ayam kampung)▷토종
닭; **마누 랑꾸따** (ayam hutan)▷꿩.

마누시아 - manusia
인간, 사람.

망아다 - ganteng, indah
아름다운, 멋있다; **까망아다** (keadaan
yang ganteng atau indah)▷아름다운;
삐꼬망아다 (memperganteng,
memperindah)▷미화하다, 아름답게
하다.

망안디 - banyak tingkah/ke sana ke
mari
새치름한 태도.

망안따로 - menang

승리하다, 이기다; **망안따로아소**
(memenangkan)▷승리로 이끌다, 이기
게 하다; **망안따로노** (yang menang)▷
승리자, 이긴 사람; **까망안따로**
(kemenangan)▷승리, 우세.

망아루 - mangaru (jenis tarian seni
bela diri Ciacia dengan keris)
부톤 전통 춤.

망꼬 - mangkuk
컵, 잔.

망이아 - menngamuk
모반하다, 반역하다, 저항하다.

마뿌 - map
종이 끼우개, 서류 가방.

마라똔 - maraton
마라톤.

마리짜 - merica
후추.

마사하롸 - masalah
문제, 문젯거리; **뽀마사하롸**
(bermasalah dengan)▷~에게 문제시
하다, ~와 문제가 있다.

마세께 - sesak
좁은, 가는.

마시기 - mesjid
이슬람교 사원.

마심바 - cepat

빠른, 빨리; **까마심바** (kecepatan)▷속
력, 속도; **빠마심바** (mempercepat)▷속
력을 내다, 빠르게 하다.

마시나 - mesin
엔진, 기계.

마시따라 - mistar
자, 줄(자).

마따 - mata
눈; **마따노 에헤** (mata air)▷샘, 우물; **마
따 마따** (mata mata)▷간첩, 첩자, 스파
이; **마따 마따이** (memata matai)▷조사
하다, 세밀히 보다, 취조하다.

마땅까 - konsisten, tetap
불변의.

마떼 - meninggal, mati
죽다; 사망하다; **빠마떼** (mamatikan)▷
(불을) 끄다; **삐꼬마떼** (membunuh)▷
죽이다.

마떼마띠까 - matematika
수학.

마우세 - gadis yang dipingit
가두어 놓는 사람.

메다뤼 - medali
메달, 기장.

메자 - meja
책상.

메나라 - menara

탑(타워), 이슬람교 사원의 첨탑.

멜데까 - merdeka

독립의.

멘떼 - heran

놀라는; **멘떼이** (merasa heran melihat sesuatu)▷~을 놀라게 하다; **까만떼아** (banyak orang yang merasa heran)▷놀라게 하다; **삐멘떼 멘떼** (merasa terheran-heran)▷놀라워하고 있다.

메따 - kena, bertepatan

알맞은, 꼭맞다; **뽀메따** (saling mengena, bertepatan)▷일치하는, 어울리는; **빠뽀메따히시에** (mencocokan, menyamakan waktu)▷맞추다.

메떼케 - meter

미터; **삐메떼케** (mengukur)▷측정하다.

미 - mi, indomi

라면.

미아 - orang

사람, 인간; **까미아 미아** (orang orangan)▷인형.

미롸마 - udang

새우.

미뤼마 - banyak tangan, gesit

열심히.

밈바라 - bisa, dapat

설교단, 강단.

민찌 - sejenis tikus

박쥐 종류.

민쪼아노 - bukan

~이/가 아니다.

미나 - ❶ dari ❷ minyak

❶ ~에서; **미나 이 타오아** (dari pasar)▷시장에서 오다 ❷ 기름, 지방, 유; **미나끼** (meminyaki)▷기름을 바르다, 기름을 쳐서 미끄럽게 하다; **미나가시** (minyak tanah)▷등유; **미나 니호쩨** (minyak goreng)▷튀김유; **미나노 꾼데헤** (minyak kelapa)▷야자유; **까미나 미나** (minyak rambut)▷머릿기름.

밍꾸 - ❶ gerak gerik, tingkah laku ❷ gerakan

❶ 태도; **빠밍꾸** (tingkah laku)▷행위, 행동 ❷ 움직임, 동작; **꼬밍꾸** (bergerak)▷움직이다; **삐밍꾸 밍꾸** (bergerak gerak)▷끊임없이, **꼬밍꾸아** (usaha, pekerjaan, kegiatan)▷열성, 노력.

모아카 - parau

(목소리가) 쉰, 목쉰 소리의.

모하롸 - laku, laris

팔린, 매각된, 수요가 많은.

모하시 - kasihan, mengasihi

동정하다, 불쌍히 여기다; **찌모하시**

131

(menarik hati, disukai)▷동정하는; **까
하시** (rasa kasihan)▷불쌍히 여김, 동
정, 연민.
모부쿠 - basah
젖은; **부쿠이** (membasahi)▷축이다, 적
시다; **까부쿠사** (tempat yang basah)▷
젖은 곳.
모분찌 - kenyang
배가 부르다; **모분찌아소** (kenyang dari
makan sesuatu)▷만족시키다, 물리게
하다; **모분찌 빠뤼** (kenyang sekali)▷포
만, 충만한, 많이 먹은.
모부오 - berbau (makanan sisa/air
rendaman)
냄새 나는 것.
모부또 - busuk
고약한, 더러운, 지독한.
모페케 - basah
젖은; **페케이** (membasahi)▷적시다; **까
페케사** (tempat yang basah)▷젖은 곳.
모페뤄 - terluka
상처, 부상; **페뤄이** (melukai)▷~에 상처
주다, ~에 부상을 입히다; **까페뤄** (luka)
▷상처.
모펜찌 - robek
찢어진; **펜찌** (merobek)▷찢다; **까펜찌**
(sobekan)▷찢어진 조각.

모펭꾸 - bengkok
꼬부라진, 굽은, 비뚤어진; **펭꾸**
(membengkokan)▷돌리다; **까펭꾸**
(sesuatu bengkok)▷주관절.
모포아 - berat
무거운; **삐꼬포아** (memperberat)▷짐
을 싣다.
모퐁까 - terbelah
쪼개진, 부서진, 찢어진; **퐁까** (membelah)
▷쪼개다, 분할하다; **까퐁까** (belahan)▷
갈라진 틈, 갈라진 금.
모퐁꼬 - busuk (buah)
고약한, 더러운, 지독한.
모찌히 - bau amis (air kencing)
소변 냄새.
모찡기 - tinggi
키가 큰, 높은; **모찡기 롸로노**▷허풍떠는,
뽐내는, 젠체하는; **까찡기사** (ketinggian)
▷연단, 지휘; **삐꼬찡기** (meninggikan)
▷높이다, 높게 하다, 넓히다.
모쭈쿠 - tidur
자다, 눕다, 재우다; **모쭈쿠 마떼** (terlelap)
▷잘자다; **빰쭈쿠** (menidurkan)▷재우
다, 잠재우다; **삐깐쭈쿠마** (tidur
sejenak)▷잠깐 자다; **소쭈쿠바** (tempat
tidur)▷자는 것.
모쭈까 - keras

단단한, 견고한; **삐꼬쭈까**
(memperkeras)▷견고해지다, 단단해
지다.

모데케 - lembek (kebanyakan air)
부드러운, 유연한.

모데네 - lembek
연한, 부드러운; **삐꼬데네**
(memperlembek)▷유연하게 만들다,
느슨하게 만들다.

모타끼 - rusak
부서진, 나쁘다; **타끼 타끼** (merusak)▷
손해를 입히다, 손상시키다; **까타끼**
(kerusakan, sesuatu yang rusak)▷파
손, 손해, 손상.

모탕까 - sangat kurus, kerempeng
마른, 여윈.

모테아 - merah
빨간색.

모텡꼬 - kurus
(몸이) 마른.

모틴디 - dingin
추운, 찬, 차가운; **삐까틴디마이**
(mendingankan)▷차갑게 하다.

모헤까 - robek, sobek
찢어진; **에까 에까** (merobek robek)▷
찢다; **찌헤까** (tersobek, robek)▷찢겨
진; **까헤까** (sobekan, robekan)▷찢어

진 것; **꼬까헤까** (ada sobekan)▷찢어진
조각이 있다; **뽀헤까 에까** (saling
mencabik, baku cabik cabik)▷서로
찢다.

모헨데 - melayang dengan baik
(연이) 잘 날아가는; **삐헨데 엔데**
(melayang layang)▷날고 있다; **뽀헨데**
(melayangkan, memerbangkan▷날
아다니다; (연 따위를) 날리다.

모김삐 - sempit
좁은; **김삐에** (mengimpit, merapat)▷
의 측면에 서다; **뽀김삐** (berhimpitan,
salang merapat)▷~에 가까이에 있다.

모고 - mogok
(차가) 멎다, 멈추다, 파업하다.

모고고 - ketat (ikatan)
꼭 끼는, 단단한, 좁은, 팽팽한.

모카타 - tandus
비옥하지 않은, 기름지지 않은.

모칸짜 - lebat (hujan)
비가 많이 오다.

모칸다 - meradang (rasa sakit)
통증, 상처 난.

모카부 - kabur (mata)
눈이 흐린.

모키아부 - kurang jelas, kurang terang
침침한, 희미한.

모키키 - kuning

노란색.

모킴뿌 - pikiran kalut, banyak pikiran

착오, 오류; **까킴뿌** (tidak dapat berpikir jernih)▷실수, 오류, 착오.

모코포 - ribut

시끄럽다; **삐까코포 코포** (ribut ribut, membuat gaduh)▷시끄럽게 하다.

모코토 - rapat, tidak ada celah/lubang

빽빽한, 촘촘한, 밀집한.

모콤부 - kotor

더러운.

모콤뽀 - penuh rumput, rimbun

울창한, 무성한.

모콘도 - gelap

어두운, 어둡다; **콘도 콘도** (malam hari) ▷밤; **까콘도마** (tempat gelap, malam di perjalanan)▷밤을 맞다; **소콘도** (suasana gelap)▷늦은 밤; **사콘도헤** (semalaman)▷밤새도록.

모콘또 - lurus

똑바른; **삐꼬콘또** (meluruskan)▷똑 바로 가다.

모코뿌 - mati semua, punah

부서진, 파괴된.

모쿠부 - rakus

탐욕스러운, 욕심이 많은; **까쿠부**

(kerakusan, keadaan rakus)▷탐욕, 욕심.

모쿵아 - ❶ masih muda (buah)

❷ mudah dibuka

❶ 젊은 ❷ 쉬운.

모쿵가 - keguguran (janin)

유산하다; **까쿵가** (janin yang kegguran)▷유산하는 과정.

모쿵꾸 - tua

늙은, 나이를 먹은; **까쿵꾸** (lansia)▷늙은 사람

모쿠삐 - rapat (jarak)

가까운, 친근한.

모하코 - lapar

배가 고프다; **까하코아** (kelaparan, keadaan lapar)▷공복, 주림, 기아, 배고픔.

모하이 - asin

짠 맛; **삐꼬하이** (memperasin)▷짜게 해주다.

모하이또 - gatal

가려운; **까하이또** (keadaan gatal)▷가려움증.

모하께 - walaupun, biarpun

비록 ~일지라도, ~에도 불구하고.

모하끼 - kejam, galak

잔인한, 잔혹한; **까하끼** (kekejaman)▷

잔인성; **삐까하끼 하끼** (berlaku kejam)
▷잔인하게 다루다.

모하쁴 - mahal
비싼; **삐꼬하쁴** (mempermahal)▷비싸
게 하다.

모하네 - laki laki
남자; **깝하네** (orang kuat)▷남자답게;
깝하네아 (alat kelamin laki laki)▷남
성 성기.

모항아 - suka memukul orang, kejam
잔인한, 잔혹한, 무자비한.

모하쁘시 - punah
사라진, 행방불명, 소멸한.

모헤쿠 - sibuk, peduli
바쁜, 분주한, 걱정하는; **까해쿠**
(kesibukan, kepedulian)▷매우 바쁜,
활기, 활동.

모호사 - kuat
힘센, 강한; **까호사** (kekuatan)▷힘, 체
력, 지력, 능력, 효력;**삐꼬호사**(berkuat)
▷주장하다, 고집하다, 열심히 ~하다.

모히아 - mereka
그들.

모히니 - jijik
소름 끼치는, 끔찍한, 끔찍스런; **찌모히
니** (tidak disukai karena jijik)▷싫은,
싫어서 견딜 수 없는, 지겨운.

모히삐 - padat, rapat, sesak
좁은; 협소한.

모지 - moji (pimpinan adat bidang
agama di Ciacia)
종교 지도자 (찌아찌아).

모까파 - tumpul
무딘, 둔한; **깡아파** (keadaan tumpul)▷
무딘, 둔한; **삐꼬까파** (menumpulkan)
▷무디게 하다.

모까마 - meriang, pegal
통증, 고통.

모간디 - banyak gerak/tingkah
새치름한, 교태부리는.

모까누 - kemas, berkemas
정돈된; **삐모까누** (berkemas)▷(짐을)
꾸리다.

모까빠 - tebal
두꺼운, 굵은; **삐꼬까빠** (menebalkan)
▷두껍게 하다.

모까따 - kering
마른; **삐꼬까따** (mengeringkan)▷말리
다, 마르게 하다.

모께사 - cantik
예쁜, 아름다운; **까께사** (keadaan
cantik)▷미, 미용, 아름다운; **삐꼬께사**
(mempercantik)▷아름답게 하다.

모끼또 - hitam

검은색.

모꼬코 - keruh

흐린, 혼탁한.

모꼬로 - kecut

신맛, 시어진, 시큼한; **삐깡꼬로이**
(memberi asam)▷(소금에) 절이다, 타
마린으로 양념하다.

모꼬또 - sangat sedih (berduka)

슬픈, 우울한; **까꼬또** (kesedihan, duka)
▷슬픔, 비애.

모꾸부 - badan kekar, berotot

뚱뚱한, 건장한; **까꾸부** (kedaan badan
berisi)▷뚱뚱한, 건장한.

모꾸꾸 - ❶ pelit ❷ menyusut

❶ 구두쇠, 인색한, 돈을 아끼는 ❷ 감소
하다, 가라앉다.

모꾸빠 - ungu

보라색.

모라부시 - masak sekali (buah)

익은, 다된.

모라까 - jarang (jarak)

사이가 벌어진, 간격이 넓은.

모라라 - sakit

아픈; **모라라 하떼** (sakit hati)▷마음이
아프다; **까라라** (rasa sakit)▷아픈 맛; **소
라라** (keadaan sakit)▷경유; 디젤유.

모라라노 - kaki seribu (binatang

melata)

지네(류).

모렝오 - lama

(기간이) 긴, (오랫) 동안; **모렝오 빠리**
terlalu lama▷너무 오랫 동안; **까렝오**
(keadaan lama, selama)▷~하는 동안,
~하는 한; **삐꼬렝오** (memperlama)
▷(시간을) 늘리다.

모레우 - layu, lesu

시든, 말라빠진; **삐까레우** (membiarkan
layu)▷말라빠지게 하다.

모레바 - lebar

넓은; **삐꼬레바** (memperlebar)▷넓어
지게 하다.

모름부 - bundar

동그라미, 원형; **삐꼬름부**
(memperbundar)▷둥글게 하다, 원형
으로 하다.

모름뿌 - tidak sadar, khilaf

잘못하다, 실수하다.

모리노 - ❶ jernih ❷ sepi, senyap.

❶ (물이) 맑은, 깨끗한 ❷ 조용한; **까리노
아** (tempat sepi)▷조용한 곳.

모렝아 - lupa, melupakan

잊다, 잊어버리다.

모렝우 - lupa jalan, tersesat

길을 잃어버린.

모로꾸 - penyot, peot
구부러진, 휜, 비틀린.

모로모 - tenggelam
가라앉다, 침몰하다.

모롱까 - lepas dari tempat semula
이미 풀려난, 벗어난.

모로삐 - penyot, peot
구부러진, 휜, 비틀린.

모루파 - ❶ gembur, kenyal ❷ kendor
❶ (흙이) 푸석푸석한 ❷ 늘어진, 느슨한:
루파찌 (mengendorkan)▷푸석푸석하
게 하다.

모룸바 - subur, rimbun
비옥한, 기름진.

모룬다 - oleng (kepala)
흔들리는, 흔들거리는, 나부끼는.

모루사 - usang
낡은, 빛깔이 바랜.

모루떼 - lemas
힘이 없다, 약한; 삐고루떼 (melemaskan)
▷약하게 하다.

모마뻬 - lemah
약한, 유연한, 낭창낭창; 웅까마뻬아
(mudah lemah, mudah capek)▷약한
사람.

모마루 - empuk, halus, lembut
부드러운, 유연한; 삐꼬마루 (membuat

jadi empuk)▷부드럽게 하다.

모망까 - capek, letih
피곤한, 지친.

모마따 - mentah
익지 않은.

몸바까 - enak
맛있는; 깜바까카 (makanan yang
enak enak)▷맛있는 음식; 삐꼼바까
(memperenak)▷맛있게 하다.

모메꼬 - manis
단맛; 삐꼬메꼬 (mempermanis)▷달게
하다.

모모 - ingus
콧물; 꼬모모 (beringus)▷콧물이 있다.

모나나 - mudah putus (tali)
부서지기 쉬운.

모난따 - jatuh (buah, benda)
(과일) 떨어지다, 내리다; 뽀찌난따
(berjatuhan)▷많이 떨어지다, 많이 멀
어지다.

몬짜피 - sobek (pinggiran benda
seperti cergen)
금이 간.

몬다빠 - tandus, kerdil
마른, 건조한.

몬다부 - jatuh
떨어지다; 넘어지다.

몬도 - kelar, jadi, lengkap

끝난, 다 된; **까몬도아** (bahan yang dibuthkan, perlengkapan)▷장비.

몬도뻬 - jatuh (dari berjalan/kendaraan)

넘어지다, 넘어진.

몬도루 - licin

미끄러운; **삐꼰도루** (memperlicin)▷미끄럽게 하다.

모네아 - ❶ jinak ❷ sudah terbiasa

❶ (짐승이) 길든, 길러서 길들인, 유순한; **삐꼬네아** (menjinakan)▷동물을 길들이다 ❷ 습관적인, 습관적으로.

모네가 - tipis, mudah sobek

(오랫동안 보관되거나, 밀폐되어 있어서) 찢어지기 쉬운.

모네네 - lambat

느린, 느릿느릿한, 천천히 걸어가다; **삐꼬네네** (memperlambat)▷늦추다, 지연시키다.

모네빠 - pipih

평평한; **삐꼬네빠** (membuat menjadi pipih)▷평평하게 만들다.

모니니 - takut ketinggian

(높은 곳) 무서워하는.

모니삐 - tipis

얇은, 가는, 가느다란; **삐꼬니삐** (menipiskan)▷얇게 (가늘게) 하다.

몬따코 - tajam

날카로운.

몬따뻬아 - terang

밝은, 맑은, 화창한, 청명한; **깐따뻬아사** (tempat terang)▷분명한 것; **삐꼰따뻬아** (memperterang)▷밝혀주다, 밝게 하다; **손따뻬아** (mulai terang, pagi)▷한낮, 대낮.

몽아파 - tumpul

무딘, 둔한; **깡아파** (alat tumpul)▷둔함, 무딘; **삐꽁아파** (menumpulkan)▷둔하게 하다, 무디게 하다.

몽아케 - malas

게으른, 태만한, 나태한; **깡아케** (pemalas) 게으름뱅이, 태만한 사람.

몽안또 - mudah patah

부러지기 쉬운.

몽아우 - ❶ hangus ❷ terbakar

❶ 탄, 그슬린 ❷ 화재난; **깡아우** (kebakaran)▷불타는; **삐꽁아우** (membuat hangus)▷타서 재가 되다.

몽기로 - bersih

맑은, 투명한, 깨끗한; **깡기로** (kebersihan)▷맑음, 투명함, 깨끗함.

몽이롸 - liar

난폭한, 야생의, 거친.

몽이루 - ngilu
이가 쑤시다.

몽이뵤 - ikan hiu
상어.

몽까나 - kencang, keras, kuat, heboh
단단한, 견고한, 열심히 하는; **삐꽁까나** (bersiap sedia, berkuat)▷단단하게 만들다, 견고하게 하다, 강하게 만들다.

몽우뻬 - capek
지친, 피곤한, 피로한.

모호뽀 - sesak, padat
협소한.

모빠까 - pekat (buah)
(과일이) 익지 않은.

모빠끼 - pahit
(맛이) 쓴, 쓰라린; **삐꼬빠끼** (membuat pahit)▷쓰게 하다, 쓰라리게 만들다.

모빠나 - panas
더운; **깜빠나카** (kepanasan)▷너무 더운; **삐꼼빠나** (memanaskan)▷덥게 만들다, 뜨겁게 만들다.

모빠시 - patah
부러진, 부서진, 중단된; **까빠시** (patahan)▷골절, 좌상, 파손; **빠시** (mematahkan)▷부수다, 부러뜨리다, 쪼개다.

모삐사 - pecah
부서진, 부러진, 파괴된; **까삐사** (pecahan) ▷조각, 부분; **삐사** (memecahkan)▷분해하다, 분석하다; **삐짜삐사 삐사** (terpecah pecah)▷조각이 난, 산산히 부서진.

모뽀노 - penuh
가득 찬, 충만한, 완전한, 충족한, 대단히 많은, 전부의.

모뽕께 - tuli
농아, 귀머거리; **까뽕께** (orang tuli)▷귀먹은 사람.

모뿌떼 - putih
흰색, 하얀, 백색의; **삐꼬뿌떼** (memperputih)▷하얗게 하다, 표백하다.

모사파 칸다노 - pikiran kacau, pusing
(당황하여) 어찌할 바를 모르다.

모사뻬 - ringan
가벼운, 무겁지 않은; **삐꼬사뻬** (memperingan)▷가볍게 하다.

모사수 - takut
무서워하는, 무서움; **찌모사**(ditakuti)▷무섭게 만드는; **까사수**▷무서운 의견; **삐꼬사수** (menakuti)▷존경하다, 경외심을 갖다.

모세헤 - ❶ tidak ada celah, rapat sekali (sambungan kayu) ❷ **terlalu banyak**

bicara

❶ 틈새가 없는 ❷ 말이 많은.

모세가 - berani

용감한, 용기 있는, 용맹스런; **까세가**
(keberanian)▷대담, 용기, 용맹; **미아
모세가** (pemberani)▷용감한 사람.

모시피 - sumbing

찢어진, 해진, 언청이; **까시피** (orang
sumbing)▷언청이.

모시삐마따 - iri

부러워하는, 질투하는, 시샘하는.

모소파 - jebol

미끄러지는; **까소파** (tempat yang
jebol)▷미끄러지는 것; **소파** (menjebol)
▷미끄러지게 하다.

모송까 - jebol (pagar)

(바위, 강철 따위) 단단한; **까송까** (tempat
yang jebol)▷단단한 것; **송까** (menjebol)
▷단단하게 하다.

모소삐 - takut (sendirian)

무서워하는; **까소삐** (penakut)▷겁쟁이,
비겁자.

모수라 - terbakar

화재 난; **수라** (menyalakan,
membakar)▷태우다.

모따하 - masak

(음식, 과일이) 익은.

모따로 - kalah

패한, 패배한, 지는; **찌따로**
(terkalahkan)▷무적의, 이겨내기 어려
운; **까따로** (kekalahan)▷패배, 굴복; **딸
로** (mengalahkan)▷이기다, 패배시키
다, 굴복시키다, 지게 하다, 쳐부수다.

모뗌부 - lapuk

부패한, 썩은.

모뗌빠 - rata dengan tanah

싱겁다.

모또파 - retak, berpisah salah satu
bagian

금이 간, 결함; **또파** (memisahkan
salah satu bagian)▷부러뜨리다; **또파
키**(menggali/memecahkan supaya
berpisah-pisah)▷푸석푸석하게 만들
다.

모또페 - patah (cabang, pucuk pohon/
tiang)

나뭇가지가 부러진.

모똠보 - retak

금이 간, 결함.

모똠뿌 - putus

깨진, 파열된, 끊어진; **찌똠뿌** (terputus)
▷잘린; **까똠뿌** (tempat putus,
putusan)▷끈 토막; **삐짜똠뿌 똠뿌**
(terputus putus)▷깨진, 방해를 받는,

절단된; **똠뿌** (memutuskan)▷절단하
다, 자르다.

모또누 - tenggelam
가라앉다, 침몰하다.

모베이 - basi
썩은, 상한.

모비네 - ❶ perempuan ❷ istri
❶ 여자 ❷ 아내, 부인, 집사람.

모비로 - buta
장님(소경)인, 눈이 멀다; **까비로** (orang
buta)▷장님.

모본두 - harum
향기, 향기로운, 향기를 풍기는; **까본두**
(rasa harum, keharuman)▷향기로
움, 명예, 고명.

모보보 - pecah-pecah (batang bambu)
(대나무 줄기가) 많이 부서진.

문찌아 - mustika
보석, 마법의 구슬.

문떼 - lemon
귤, 오렌지.

무띠아라 - mutiara
진주.

음

음바찌께헤 - seperti itu, semacam itu
그렇게, 그처럼.

음바히나 - seperti ini, semacam ini
이렇게, 이런 식으로.

음바로 - tabung dari bambu
대나무 통.

음바롱께헤 - seperti itu, seperti itu
caranya
그렇게, 그처럼.

음바나께헤 - seperti ini, dibuat seperti
ini
이렇게, 이런 식으로.

음바사 - seperti
~와 같게, ~처럼.

음베빠이 - jauh
멀다, 먼, 멀리 멀어진; 음베빠이비시
(menjauhi)▷회피하다, 피하다, 멀리하
다; 까음베빠이사 (kejauhan)▷너무 멀
어져 있는, 많이 멀어진; 삐꼬음베빠이
(menjauhkan)▷~를 멀게 하다; 음베빠

이 (berjauhan)▷멀리 떨어져 있는, 원
거리에 있는.

음베삐 - jalan-jalan
산보하다, 산책하다; 삐음베삐 음벨리
(berjalan-jalan ke berbagai tempat)
▷이리저리 거닐다, 산책하다.

음보빠꾸 - mencuri
훔치다, 도둑질하다, 강도질하다; 찌음보
빠꾸 (kecurian)▷잃어버린, 빼앗긴, 도
둑 맞은; 까음보빠꾸 (barang curian)▷
도둑질한 물건, 장물; 까음보 음보빠꾸
(orang yang suka mencuri)▷강도, 도
둑, 도적.

음보뽀로 - gong
징, (초인)종.

음보우 - sama seperti, seperti
~와 같게, ~처럼.

음부쿠 음부쿠 - menggerutu
불평하다; 음부쿠 음부쿠이
(menggerutui)▷~에게 불평하다; 삐음

부쿠 음부쿠 (menggerutu-gerutu)▷불평하다, 투덜거리다.

음부쿠소 - sangat lapar
배가 아주 고프다.

음부짜모 - karena/dikarenakan
~ 왜냐하면, ~ 때문에.

음부뻬 - kembali, pulang
집에 가다; **음부뻬비시** (kembali mengambil)▷(집에서) ~를 갖다 오다; **삐음부뻬 음부뻬** (kembali kembali)▷우왕좌왕하다, 왕복.

음쭈짜바 - suka membantah
논의하기를 좋아한다, 논쟁을 좋아한다.

음꼬찌오 - kikir
인색한, 구두쇠의.

음꼬비비 - banyak bicara
말이 많다.

음빠테아 - manfaat
유용한, 이점; **꼬음빠테아** (bermanfaat)▷쓸모 있는, 유익한.

음뽀시키 - cemburu
질투하는, 시샘하는; **음뽀시키에** (merasa cemburu bengan)▷~을 의심하다; **까음뽀시키**(rasa cemburu)▷질투, 시샘.

음뿌후 - bersungguh-sungguh
진실된, 참된, 맞는; **음뿌후 음뿌후** (sungguh sungguh)▷열심히, 신중히; **빠캄뿌후** (fokus, tidak menghiraukan orang lain)▷특별한.

음뗀데 - ❶ mudah terpelanting ❷ gesit, suka bekerja
❶ 던져진, 내팽개쳐진, 여린, ❷ 날쌘, 재빠른.

나

나비 - nabi

예언자, 선지자.

나부 나부 - rintik rintik

이슬비; **삐나부 나부** (hujan rintik rintik)▷이슬비 내리다.

나가 - naga

용.

나하시 - emosi

분노, 격노, 화난; **꼬나하시** (emosi, marah)▷화나다, 성나다.

나이삐아 - kapan (waktu yang akan datang)

언제 (미래 시간)

나이뿌아 - lusa

모레.

나이시 - raut

칼로 자르다; **삐나이시** (maraut)▷칼로 자르다; **까나이시** (rautan)▷(칼로) 다듬어 만든것.

나꼬다 - nahkoda

선장, 함장.

남피따 - besok

내일.

나미 - rasa

맛; **꼬나미** (berasa)▷맛이 나다; **삐나미** (mencicipi)▷맛을 보다.

나미시 - perasaan

기분, 기분이 들다, 느낌이 들다; **꼬나미 시아소** (menginginkan makan sesuatu) ▷~을 몹시 갈망하다, 열망하다; **삐나미 시** (meramalkan sesuatu berdasarkan perasaan)▷축축하다, 추단하다.

나무 나무 - perkiraan

추측, 추정, 추측하다, 추정하다.

나나 - nanah

화농; **꼬나나** (bernanah)▷화농하다, 곪다.

나나시 - nanas

파인애플.

낭아 낭아 - angan-angan

꿈, 희망, 꿈을 꾸다.

낭우 - renang

수영하다; **삐까낭우** (berenang)▷수영
하다.

나빠 - utara

북, 북쪽(의).

나사바 - nasabah

은행의 고객.

나시뿌 - nasib

운, 운명; **꼬나시뿌** (bernasib)▷운 좋은,
운명이 있다.

나따라 - natal

크리스마스.

나부수우 - amarah

화난; **꼬나부수우** (marah)▷화난, 성이
난; **꼬나부수끼** (memarahi)▷꾸짖다,
책망하다.

네아띠 - niat

의도; 계획, 목적; **꼬네아띠** (berniat)▷
의도하다, 계획하다, 목적을 두다; **꼬네
아띠아소** (meniatkan, berniat untuk)
▷의도하다, 계획하다, 목적을 두다.

네가라 - negara

나라.

네띠 - net

네트.

네께레 - nikel

니켈.

네라까 - neraka

지옥.

니까 - ❶ tali tasi, tali pancing ❷ nikah,
menikah

❶ 낚시줄 ❷ 결혼, 혼인.

니라이 - nilai, menilai

평가, 가치, 점수; **꼬니라이** (bernilai)▷
값진, 가치가 있는; **삐니라이** (menilai)▷
평가하다, 감정하다, 값 매기다.

니로 - nilon

나일론, 나일론 제품.

니니 - mengembang

불어나다, 팽창하다, 높아지다; **삐니니**
(berjalan/melakukan sesuatu dengan
sangat pelan-pelan)▷천천히 하다.

니삐암 - kapan (waktu yang telah lalu)

언제 (과거).

노아 - telan, menelan

삼키다, 삼켜버리다; **찌노아** (tertelan)▷
삼켜버린, 목구멍으로 넘어간.

노루 - nol

(0), 영, 제로.

노모로 - nomor

숫자, 번호; **꼬노모로** (bernomor)▷번호
가 있다; **삐노모로** (menomori)▷번호를
붙이다.

노노호 - 6 (enam)

(6), 여섯, 육.

노뺌베레 - November

11월.

노따 - nota

어음.

노따리시 - notaris

공증인.

노뚜뗴 - notulen

노트, 기록.

누누 - menyusuri

가장자리; **누누비시** (menyusuri)▷가장
자리를 따라가다; **삐누누** (pergi
memanggil)▷소집하다, 소환하다.

은

은다아 - bunyi letusan
폭발, (대포 따위의) 소리; 꼬은다아
(berbunyi meletus)▷(대표 따위의) 소
리가 나오다; 빠꼬은다아(meletuskan)
▷폭발하다, 터지다.

은다이 - renteng
늘이다; 뽀은다이 (saling berentengan)
▷(끈 따위가) 헐겁게 걸려 있는.

은나무 - kampak
도끼; 삐은다무 (memotong, membelah
dengan kampak)▷도끼로 찍다 (자르
다), (나무 따위를) 잘게 패다.

은당아 - buah nangka
낭까(열대 과일의 하나), 파라밀수.

은다뿌또 - kejatuhan kototan
오물이 묻은.

은뎅우 은뎅우 - gamelan
자바 특유의 관현악단.

은도 - berguling
굴러 넘어지다; 삐까은도 은도(beguling
-guling)▷굴러 떨어지다.

은도께 - monyet
원숭이.

은도뻬 - baring
눕다; 삐은도뻬 은도뻬 (baring baring)
▷눕고 있다; 뽀은도뻬 (membaringkan)
▷눕히다.

은동아 - bunyi pantulan
메아리 소리; 꼬은동아 (burbunyi
pantulan)▷메아리(반동) 소리가 나다.

은두우 - bunyi
소리; 꼬은두우 (berbunyi)▷소리나다,
들리다; 빠꼬은두우 (membunyikam)▷
소리내다, 울리다.

은따이 은따이 - menjinjing
손으로 나르다, 운반하다; 삐은따이 은따
이 (bergantung gantung)▷매달려 있
다.

은따비 은따비 - mencabik-cabik
갈갈이 찢기다, 갈기갈기 되다; 찌은따비

은따비 (tercabik-cabik)▷갈갈이 찢겨
진.

은또마떼 - tomat
토마토.

응

응아코 - kerongkongan
연구개.

응아지 - mengaji
코란을 읽다; **응아지아** (pengajian)▷성
전 독경, 이슬람 성전을 암송함.

응앙아 칸다 - hati yang tulus, dari hati
yang paling dalam
마음, 성격.

응앙오 - debu/abu (sisa pembakaran)
먼지, 티끌(불).

응아부 - butiran yang sangat halus
setelah penggilingan
아주 작은 물체.

응에아 - nama
이름; 언급된, 지적된; **꼬응에아** (bernama)
▷~라고 부르다, 이름이 있다; **삐응에아**
(menyebut)▷~라고 이름 짓다, 부르다.

응에오 - ngeong (suara kucing)
야옹 (의성어); **삐응에오 응에오**
(mengeong ngeong)▷야옹-야옹.

응기키 응기키 - lonceng kaki
발목에 차는 방울.

응고로 응고로 - pohon atau buah maja
마자(과일 이름, 벨 프루트).

응이비 - menari (untuk laki laki)
(남자) 찌아찌아 전통 춤.

응이키 - seperti suara anjing yang
berkelahi (menggeram)
으르렁대는 개소리와 비슷함; **응이키삐**
(menggerami) 으르렁대는 채로 공격하
다.

응이히 - gigi
이; **꼬응이히** (mempunyai gigi)▷이가
있다.

응까하나 아나 - boneka bayi
인형.

응까키 응까키 - tempat menaruh
sesajen yang terbuat dari bambu
고수레에 바치는 물건.

응까삐마 삐마 - kepiting

게.

응까루타 - gigi ompong, orang ompong

이가 없는, 이가 빠진.

응까루 응까루 - usus

장, 내장, 창자.

응끼타 응끼타 - tanda palang (tanda kali)

교차, 십자가.

응꼬 - membungkuk

고개를 숙이다, 웅크리다; **응꼬비시** (membungkuk mengambil sesuatu) ▷~을 구부리다; **뻬응꼬 응꼬** (membungkuk bungkuk)▷구부리고 있다.

응오이 - angin

바람; **꼬응오이** (beranngin)▷바람이 있다; **뻬응오이 응오이** (angin bertiup tiup)▷~에 공기를 쏘이다; **응오이노 파카** (angin barat)▷서쪽 바람; **응오이노 찜부쿠** (angin timur)▷동쪽 바람.

응오호 - hidung

코; **꼬응오호** (punya hidung)▷코가 있다; **응오호 몬따코** (hidung mancung)▷날카로운 코.

응우쿠 - suara babi

돼지의 소리; **뻬응우쿠 응우쿠** (babi yang lagi bersuara-suara)▷돼지 소리

가 나다.

응운쭈 - moncong

(개 고양이 따위의) 콧등 부분.

오

오아 - amit-amit

원컨대 그런 일이 없기를.

오아루 - 8 (delapan)

⑧, 팔, 여덟.

오바라시 - obras

감치기; **삐호바라시** (mengobras)▷기계적으로 감침질(옷단 처리)하다.

오베 - obeng

드라이버.

오보로 - obor

횃불.

오코비 - mengambil sesuatu dengan cara memasukan tangan ke dalam

(손으로) 더듬다.

오제 - ojek

영업용 오토바이; **삐호제** (mengojek)▷영업용 오토바이를 쓰다.

오까 - mencabik

갈갈이 찢다, 쪼개다, 찢다; **오까 오까** (mencabik-cabik)▷갈갈이 찢게 하다.

오께 - oke

오케이, 네, 예.

욱또베레 - oktober

10월.

오라 - olah, mengolah

처리하다; **찌호라** (terolah)▷처리, 생산.

오라흐라가 - olahraga

운동하다.

오리 - oli

기름.

오로 - menyesal

후회하다.

오로따 - perantaraan, kosong

사이, 거리, 해협.

오루 - awan

구름; **삐호루 오루** (berawan)▷비구름, 먹구름.

옴뽀페 - biji (tanaman)

작은 알, 작은 물체 (곡식, 곡류).

옴뽀니 - memberitahu agar tidak

bercerita pada orang lain

비밀로 하다.

옴뿌 - kakek nenek

할아버지, 할머니; **꽈 옴뿌** (kakek)▷할
아버지; **바 옴뿌** (nenek)▷할머니; **옴뿌
옴뿌** (cucu)▷손자.

옴뿌찌 - menyambung (tali)

연결하다; **까홈뿌찌** (simpul tali)▷연결,
접속; **뽀홈뿌찌** (bersambung)▷연결되
다.

옴뿌루 - 10 (sepuluh)

(10), 열, 십.

온쭈 - ons

온스 (무게의 단위).

온동이 - mencelup

물들이다; **찌혼동이** (tercelup)▷물들이
는.

옹꼬시 - onkos

비용, 요금, 비용을 들이다.

온또 - berhenti, libur

멈추다, 서다; **빠혼또** (menghentikan)
▷멈추게 하다, 중지시키게 하다; **온또아**
(liburan)▷휴가; 방학.

옹오 - memasukan ke dalam mulut

입구에 들여보내다.

옹오찌 - menyumbat

닫다: **까홍오찌** (penyumbat)▷마개

오쁘나메 - opname

병원에 입원하다.

오삐 - menjepit

압착하다, 밀착하다; **찌오삐** (terjepit)▷
압착된; **까오삐** (penjepit)▷(일정한) 덩
어리로 묶음.

오뽀로 - opor, mengopor

인계받다, 떠맡다.

오따 - otak

뇌; **꼬오따** (berotak, berakal)▷뇌가 있
다.

오또 - mobil

자동차; **까오또 오또** (mobil mobilan)▷
차 장난감.

올가니사시 - organisasi

조직, 기관.

빠

빠주 - ❶ menyentuh, menyenggol ❷ bambu (jenis)
방해하게 하다; 찌빠주 (tersangkut)▷방해하는, 막는 ❷ 단단한 대나무.

빠줌뿌 - berkuat, bersi keras
압력, (압박에)견디다.

빠타카 - ujung, batas
첨단, 꼭대기, 강기슭; 꼬빠타카 (punya batas)▷첨단이 있다.

빠타이 - sampai
~까지.

빠타모롸롸 - serei, daun serei
풀의 일종 (방향성이 있음).

빠타세 - atap seng
아연 기와.

빠테레 - bersolek, berhias
장식하다, 꾸미다.

빠에야사 - cermin
거울; 삐빠에야사 (bercermin)▷거울을 보다.

빠카페롸 - parabela (pimpinan adat tertinggi dalam suku Ciacia)
찌아찌아족 관습의 높은 의장.

빠카짜에아 - percaya, mempercayai
믿다, 신뢰하다; 빠카짜에아하소 (mempercayakan)▷~에게 신뢰하게 하다; 찌빠카짜에아 (terpercaya)▷믿을 수 있는; 까빠카짜에아(kepercayaan)▷믿을 수 있는, 믿음직한.

빠카찌아 - abai
게으른, 중요시 않는; 빠카찌아헤 (mengabaikan)▷무시하다, 마음에 두지 않다.

빠카구아 - suka membangkang
반역자, 반동자, 반대자.

빠카까카 - perkara
분쟁; 뽀빠카까카 (berperkara)▷분쟁하다.

빠카까시 - alat, peralatan
도구, 장비, 장치.

빠카끼사 - periksa, memeriksa
조사하다, 검사하다; 까빠카끼사
(pemeriksaan)▷검토, 점검, 연구.

빠카나인다 - mengulur-ulur waktu
가벼이 생각하다, ~을 길게 하다.

빠칸따타 - menjulurkan kedua kaki ke
depan
다리를 쭉 펴다.

빠카세 - ❶ persen ❷ bonus, tips
❶ 비, 비율 ❷ 보수, 임금.

빠카시삐 - amit amit
결코 그렇지 않다.

빠카바따 - (jenis) bambu
대나무.

빠케바 - ramuan rumah
집의 구조; 삐빠케바 (mengumpulkan
ramuan rumah)▷구조를 모으다.

빠키기 - jalan aspal
대로, 한길.

빠키까 - orang yang punya ilmu khusus
(mensyarati sesuatu)
유능한 사람 (복, 쌀, 등) 차례를 지내는
전문가.

빠킨따 - perintah
명령; 빠킨땅이 (memerintah)▷명령하
다; 빠마킨따 (pemerintah)▷정부.

빠가 - diet, menahan untuk tidak
sering makan
금식하다.

빠가따 - pagar
담 (울타리); 삐빠가따 (memagari,
membuat pagar)▷~주위에 울타리를
치다.

빠감삐 - tinggal/hidup atas nafkah
orang lain
남의 집에 얹혀 살다.

빠가베 - pegawai
직원, 공무원.

빠기 - ❶ memarut ❷ alat kikir (mata
gergaji)
줄로 갈다, 줄질하다; 찌빠기 (terparut,
dikikir)▷줄질한; 까빠기아 (parutan)▷
줄, 강판 ❷ 날카롭게 하는 톱.

빠하 - paha
넓적다리, 허벅지.

빠하까 - bunyi tawaan
웃음소리; 삐빠하 빠하까 (tertawa
terbahak bahak)▷크게 웃다.

빠하따 - pahala
공적, 공로, 공훈; 꼬빠하따 (berpahala)
▷공적이 있다; 삐빠하따 (membantu
orang lain tanpa pamrih)▷공적을 찾
아내다.

빠흐따바 - pahlawan

영웅.

빠하쨔따 - menikah dengan keluarga dekat (yang dilarang dalam agama)

금지되는 사람과 결혼하다.

빠한다 - memberi kabar untuk menakuti perasaan seseorang

위협하다, 무섭게 하다.

빠호 - pahat, memahat

정, 끌; **찌빠호** (terpahat)▷끌로 파는, 조각하는; **까빠호따** (pahatan)▷끌로 파는 것; **삐빠호** (memahat)▷끌로 파다.

빠후나 - gestur tubuh

곡조, 가락; **꼬빠후나** (punya gestur tubuh)▷곡조가 있다.

빠자카 - fajar

새벽 (이른 아침); **헨데아노 빠자카** (fajar menyingsing)▷꼭두새벽.

빠자쨔 - menjalankan

운전하다.

빠자마카 - lampu

등불, 기름등불.

빠제케 - mengejar

의 뒤를 쫓다, 쫓아다니다; **빠제케 제케** (mengejar ngejar)▷강요당하다.

빠지 빠지 - saku baju/celana

주머니.

빠조 - meluncur (air)

미끄러져 내려가다.

빠조마 - pedoman

나침반, 제도용 컴퍼스, 양각기.

빠까 - bunyi dari sesuatu benda yang dipukul

어떤(것을)치는 소리; **꼬빠까**(berbunyi saat sesuatu benda dipukul)▷소리나다.

빠까나 - membuat

만들다; **찌빠까나** (terbuat)▷만들어진; **까빠까나** (buatan)▷품질, 상표.

빠깐데 - memberi makan, menyuap

손으로 먹이다, 먹이(모이)를 주다.

빠께 - ❶ memakai ❷ perilaku, sifat

❶ (옷을) 입다, 쓰다; **찌빠께** (terpakai)▷입는 ❷ 쓰이다, ❷ 행위, 행동, 태도, 품행.

빠끼사 - paksa, memaksa

시키다, 명령하다, 강요하다; **까빠끼사** (paksaan)▷강제, 강압, 압력.

빠꾸 - paku, memaku

못, 못을 박다; **찌빠꾸** (terpaku)▷못이 박힌.

빠꾸 빠꾸 - usus

장, 내장, 창자.

빠꿈부 - menekuk lutut

굽히다; **삐꿈부 꿈부** (tidur sambil kaki

ditekuk)▷굽힌.

빠따 - ❶ telapak ❷ pala (pohon pala)
❸ memalang, mencegat
❶ 바닥; 빠따노 까께 (telapak kaki)▷발
바닥; 빠따노 띠마 (telapak tangan)▷손
바닥 ❷ 육두구의 종자 (향료) ❸ 막다; 찌
빠따 (terpalang)▷막히다.

빠따엥아 - angkuh, sombong
거만한, 자만에 빠진.

빠땅가 - baskom
(세수) 대야.

빠따시떼레 - ❶ handiplas luka ❷
memplester rumah
❶ 석회, 석고 ❷ 집 벽토를 붙이다.

빠랏띠 - plastik
플라스틱.

빠떼 - keberkatan/roh benda
사물의 모든 정신적 활동의 본원이 되는
실체, 영혼.

빠떼 팡까 - berdiri sendiri, mandiri
독립하다, 홀로서다, 자립하다.

빠떼이 - halangi, menghalangi
방해하다, 막다; 찌빠떼이 (terhalangi)▷
방해하는, 막힌.

빨수 - palsu
가짜, 가짜로 만들다.

빠띠 - ❶ sangat ❷ giliran

❶ 아주, 매우 ❷ 차례, 순서, 순번; 빠띠
빠띠 (giliran)▷차례.

빠띠끼 - berkeliling memyampaikan
sesuatu
돌아다니다, 돌다; 삐까빠띠끼
(berkeliling untuk menyampaikan
sesuatu)▷돌아다니다; 까빠띠끼 (orang
yang bertugas berkeliling memberikan
penyampaian)▷돌아다니는 사람.

빠또따 - terung
가지.

빠루 - palu
망치; 지다, 때리다; 빠루 빠루 (palu-
palu)▷작은 망치.

빠미키 - menakut-nakuti
위협하다, 무섭게 하다.

빠밍꾸 - tingkah laku, prilaku,
gerak-gerik
행동, 행위, 특성; 꼬빠밍꾸 (banyak
gerak-gerik)▷어리석게 행동하다.

빠무쿠 - ❶ bersikeras ❷ menangis
keras
❶ 완력을 사용하다 ❷ 크게 울다.

빠나 - panah, memanah
화살, 활을 쏘다; 삐빠나 (memanah
sesuatu)▷(동물에) 화살을 쏘다.

빠나이 - menghangatkan kembali

makanan

(음식) 다시 데우다, 다시 뜨겁게 하다; **찌 빠나이** (dihangatkan)▷다시 뜨겁게 하는; **까빠나이** (makanan yang telah dihangatkan kembali)▷다시 뜨겁게 하는 음식.

빠나끼 - penyakit

질병; **꼬빠나끼** (sakit)▷병이 있다, 아프다.

빠남바 - penutup talang

광주리 뚜껑.

빠나사 - atap yang tebuat dari daun rumbia

종려, 종려 잎으로 만든 지붕.

빤찌 - panci, periuk

솥.

빤짜인드라 - panca indra

5개 감각기관.

빤찌오 - pensiun

퇴직; **빠빤지오** (mempensiunkan)▷퇴직하다.

빤다엔떼 - menganggap remeh/enteng

사소하게 생각하다, 사소하게 여기다.

빤데 - tukang

직공, 장인, 기계공, 숙련 근로자; **까빤데** (hasil buatan)▷일하는 수확; **삐빤데** (membuat sesuatu (sebagai tukang)

▷~을 만들다; **빤데 부키** (penulis)▷비서; **빤데 핀찡이** (pengatur)▷종업원; **빤데 도아** (tukang doa-doa, pembaca doa)▷기도하는 사람; **빤데 미군찌** (tukang cukur)▷이발소; **빤데 미하모따** (tukang kebun, petani)▷농부; **빤데 미히사** (nelayan)▷어부.

빤도 - melempar

던지다, 팽개치다; **까빤도** (lemparan)▷던지기, 투척, 던져진 것; **삐까빤도** (melempar)▷던지다, 팽개치다.

빤도 마따 - langsung menuduh, tanpa basa basi

예의범절이 없다, 곧장 말하다.

빠네떼 - peniti

핀; **삐빠네떼** (memasang peniti)▷핀을 붙이다.

빠니 - sayap

날개; **꼬파니** (bersayap)▷날개가 있다.

빠니하카 - menyimpan di tempat yang aman

안전한 곳에 보관하다.

빠님부루 - ilmu kekebalan

초능력; **꼬빠님부루** (punya kekebalan)▷초능력이 있다; **삐빠님부루** (memberi ilmu kekebalan)▷초능력을 주다.

빠니띠아 - panitia

위원회; **삐빠니띠아** (turut bekerja dalam kepanitiaan)▷위원회에서 같이 일하다.

빤따뻬 - menghambur
혼란하게 하다; **찌빤따뻬** (terhambur)▷혼란하게 하는.

빤또 빤또 - ulat pelubang batang kayu
달팽이.

빵아타이 - menunggu sejenak
기다리다, 기다리게 하다.

빵아카 - menanjak
오르다, 올라가다; **빵아카사** (tanjakan)▷경사, 오르막(길); **뽀빵아카** (membawa sesuatu dengan menanjak)▷올라가게 하다.

빵아나 - pinang
빈랑 나무(팜, 종려, 야자나무류).

빵안따 - bosan
지친, 싫증난, 따분한; **찌빵안따** (tidak ada lagi yang suka/bisa)▷짜증나다.

빵아봐 - layar perahu
돛.

빵구 - panggung
연단, 교단, 무대.

빵뤼마 - panglima
장군.

빵까 - pangkat

계급, 등급, 지위, 신분; **꼬빵까** (berpangkat)▷계급이 있다.

빵우루 - duluan
먼저; **빠빵우루** (jalan duluan)▷먼저 가다; **빵우루시** (mendahului)▷우선권, 우선하다.

빵운따 - gagang, pegangan
손잡이, 줄기; **삐빵운따** (memasang gagang)▷손잡이를 만들다.

빠빠지 - saku, kantung
주머니.

빠빠뻬뻬 - tengkulak, pedagang perantara
(거래상의) 중개인, 브로크; **삐빠빠뻬뻬** (bekerja sebagai tengkulak)▷중개인으로 일하다.

빠빤디이 - tali pinggang
허리띠; **뻬빠빤디이** (memakai tali pinggang)▷허리띠를 쓰다.

빠뻬 - tidak bertenaga, tidak dapat berjalan
힘이 없다, 걸어가지 못하다.

빠라데 - parade
행진.

빠랅떼끼 - praktek
연습, 연습하다.

빠라수 - parasut

낙하산.

빠라떼에 - baskom

대야.

빠레마 - preman

깡패, 불량배.

빨따이 - partai

당, 당파, 정당.

빠사 - ❶ memasang ❷ menghidupkan ❸ pasang, stel

❶ 설치하다, 고정시키다; 찌빠사 (terpasang) ▷설치된; 빠사하소 (memasangkan)▷달다, 설치하다 ❷ 전 등을 켜다, 살리다, 살게 하다 ❸ 조, 세 트, 한 세트.

빠사키 - sandar, memunculkan diri

가깝게 하다, 다가오다; 찌빠사키 (sudah bersiap-siap)▷다가오는.

빠사끼 - menghantam

부서지다.

빠사뤼 - uang saweran

돈을 나누다.

빠사마니 - mahkota (istilah buton)

장식품.

빠사시 - pasasi, membayar ongkos

요금, 요금을 주다.

빠세레 - mencari-cari jodoh

(남자, 여자) 친구를 찾다.

빠시 - ❶ mematahkan ❷ pas, cocok

❶ 부수다, 부러뜨리다 ❷ 맞는, 적당한; 빠빠시에 (mencocokan)▷알맞다; 빠시 빠시 (cocok, tepat, pas)▷정확한, 적당 한.

빠시한다 - menyediakan, menyiapkan

구성하다, 설립하다, 준비하다; 찌빠시한 다 (telah disediakan)▷준비된.

빠시자라 - pas jalan, paspor

여권.

빠시끼 - memerciki

(물, 진창 따위를) 흩뿌리다; 까빠시끼 (percikan)▷흩뿌리는 것.

빳포또 - pas foto

증명사진.

빠시따까 - cetakan, alat cetak

(돌 기둥, 책상 다리의) 윗부분, 받침대.

빠시떼리 - bergaya, bersolek

힘 있는, 활기 있는.

빠소 - mempasak, paku, memaku

못; 못을 박다; 찌빠소 (terpasak, terpaku)▷못을 박힌.

빠소소 - menyesal

후회하다, 유감으로 생각하다.

빠수쿠 - memaksa

명령하다, 강요하다; 찌빠수(terpaksa)▷ 강요된, 강제로; 까빠수쿠 (paksaan)▷

강제, 강압.

빠따쀼 - berjejer, menjejer

한 줄로, 연속적으로, ~을 연속적으로 만

들다; **찌빠따쀼** (terjejer)▷정리되다.

빠떼 - membidik dengan ketapel

고무줄 새총으로 겨누다 : **까빠떼**

(ketapel)▷고무줄 새총.

빠또 - patok

막대기, 기둥.

빠또코 - memberi petunjuk,

mengarahkan, mengatur

의미하다, 의도하다; **찌쁘또코** (diarahkan,

ditetapkan)▷의도하게 된; **까빠또코**

(petunjuk, arahan)▷지시, 안내, 설명

서 지시.

빠또바쀼 - segi empat

네모; **삐빠또바쀼** (menyerupai segi

empat)▷네모의 형태를 가진.

빠뚜 - patung

조상, 동상.

빠뚜주 - anggapan

의견, 믿음, 생각; **빠뚜주에**(menganggap

sebagai)▷믿다, 여기다, 생각하다.

빠우 - payung

우산; **삐빠우** (memakai payung)▷우산

을 쓰다.

뻬헤나 - bertanya

묻다, 질문하다; **뻬헤나하소**

(menanyakan)▷~에 대하며 물어보다;

삐뻬헤 **뻬헤나** (bertanya tanya)▷자꾸

물어보다; **까뻬헤나** (pertanyaan)▷질

문, 물음.

뻬엔찌 - mencari-cari sesuatu benda

(milik) yang belum ditemukan

아직 찾지 못한 물건을 찾아주다

뻬까찌 - melengket pada

~을 붙이다; **쁘뻬까찌** (baku lengket)▷

서로 붙이다.

뻬께이 - memekik

소리지르다; **삐뻬께** **뻬께이** (memekik

mekik)▷소리를 지르다.

뻬쩨 - pil, obat pil

알약, 환약.

뻬쩨 **뻬쩨** - kain/tabir penghalang

커튼, 휘장, 장막.

뻬루 - suka, menyukai

좋아하다, 원하다; **뻬루아** (kesukaan)▷

좋아하는 것, 요망, 소원, 취미; **찌뻬루**

(disukai)▷사랑을 받다; **까뻬루**

(perasaan suka, rasa cinta)▷원하는.

뻰다이 - menginjak

밟다; **찌뻰다이** (terinjak)▷밟히다; **뻰다**

뻰다이 (menginjak injak)▷자꾸 밟다.

뻰떼 **뻰떼** - duduk berjingkrak

폴짝폴짝 뛰면서 앉다.

뻥아짜라 - pengacara

사회자.

뻥께 뻥께 - duduk-duduk di atas sesuatu (agak tinggi)

웅크리다, 쪼그리고 앉다; **삐뻥께 뻥께** (sedang duduk-duduk di atas sesuatu) ▷웅크리다, 쪼그리고 앉다.

뻬오 - ① sakit trakoma ② memeras

① 눈의 질병 ② 쥐어짜다; **찌뻬오** (terperas)▷쥐어짜는; **삐까뻬오** (memeras meras)▷자꾸 쥐어짜다.

뻬뻬끼 - memukul, meretakkan, memecahkan

때리다, 치다; **찌뻬뻬끼** (diretakkan)▷때리는, 치는; **까뻬뻬기** (alat pemecah) ▷때리는 것.

뻬라 - perak

은.

뻬상오 - pesangon

분리, 분할.

뻬떼 뻬떼 - pete pete (mobil angkot kota)

술라웨시의 작은 대중 버스.

쁘레시데니 - presiden

대통령.

쁘록라무 - program

프로그램.

쁘로뻬소로 - profesor

교수.

삐아파 - bertanya, menanyakan

~에게 물어보다; **찌삐아파** (ditanyai)▷ 물어보게 하는; **뽀삐아파** (saling bertanya)▷서로 물어보다.

삐아가무 - piagam

패, 양도 증서.

삐아짜 - piala

배 (다리가 달린 금잔, 우승컵).

삐하짜이 - menyerah

항복하다, (몸을) 맡기다.

삐하쩨 아쩨쩨 - menjerit jerit

자꾸 신음하다.

삐아노 - piano

피아노.

삐하사 - mengasah

갈아서 날카롭게 하다; **찌삐하사** (terasah) ▷갈아서 날카롭게 한; **까하사** (batu asah, batu gosok)▷숫돌.

삐부니 - menyembunyikan

숨기다; **찌삐부니** (tersembunyi)▷몰래; **깜삐부니사** (barang sembunyian, tempat persembunyian)▷숨기는 것.

삐찜부쩨 - pulang pergi

우왕좌왕하다, 왕복.

삐쭈노 - tersandung, kesandung
(발이 걸려) 비틀거리다.

삐다또 - pidato, berpidato
연설, 연설하다, 강연하다.

삐탄다 - berpegang,
붙잡다; 삐탄다사 (tempat bepegang)▷
손잡이.

삐티 - memijit, menjepit
압박하다, 마사지하다; 찌삐티 (terpijit,
terjepit)▷압박하는.

삐칸짜 - meraba
만져보다.

삐카빠 - ketiak
겨드랑이.

삐케쿠 - berteduh
(비를) 피하다, 대피하다.

삐키 - piring
접시.

삐하나 - mengupas
벗기다; 찌삐하나 (terkupas)▷벗기는;
까삐하나 (sesuatu yang dikupas)▷벗
기는 것.

삐호아 호아 - terenyah enyah (napas)
급히, 숨을 헐떡이며.

삐호우 - berlindung
(비를) 피하다, 대피하다; 삐호우사
(tempat berlindung)▷대피하는 것.

삐히따 - mencari
찾다, 찾아내다; 찌삐히따 (dicari)▷찾아
내는; 뽀삐히따 (mencari-cari, baku
cari)▷서로 찾다.

삐까 - lengket, melengket
달라붙다, 들러붙다; 빠삐까
(melengketkan)▷붙이다, 고착시키다;
삐까찌 (melengketi, melengket pada)
▷~에 붙이다 뽀삐까찌 (baku lengket)
▷서로 붙이다.

삐까부사 - cebok (setelah buang air
besar)
깨끗이 닦다; 찌삐까부사 (di cebok)▷깨
끗이 닦는.

삐까가우 - curang
정직하지 않은, 부정한, 허위의; 삐까가우
비시 (mencurangi)▷속이다, 사기치다.

삐까호꼬 - bersembunyi
숨다, 피신하다; 삐까호꼬 호꼬
(bermain sembunyi- sembunyi)▷숨
겨지다.

삐깜뻬아타키 - belajar
공부하다; 삐깜뻬아타키아 (pelajaran)▷
과목.

삐깐떼세이 - mencakar tanah mencari
makan
긁어먹다.

삐깡까 - merangkak (memanjat)
기어 올라가다.

삐끼키 - pikiran, memikirkan
생각, 사상, 생각하다; 꼬삐끼키 (berpikir)
▷잘 생각하다; 삐삐끼키 (memikir-
mikir)▷~을 생각하다.

삐꼬똔쭈후 - berlutut
무릎을 꿇다, 무릎을 구부리다.

삐꾸키 - ❶ memetik sayur ❷ sayur
❶ 가축에 먹이기 위해 잎을 찾다 ❷ 야채.

삐람베 람베 - telanjang
발가벗은, 노출된, 나체의; 빠람베 람베
(menelanjangi)▷발가벗게 만들다.

삐롼두 - memindahkan tanaman dari
induknya ke tempat lain
씨앗을 뿌리다.

삐롸빠 - mengelak
부인하다, 부정하다.

삐롸뿌찌 - membicarakan keburukan
orang
욕설; 삐롸뿌찌에 (membicarakan
keburukan orang)▷욕질하다; 뽀삐롸
뿌찌 (saling membicarakan keburukan
satu sama lain)▷서로 욕질하다

삐롸베 - istrahat, beristrahat
쉬다; 삐롸베사 (tempat istrahat)▷쉬
는 것.

삐쩨끼 - memilah
가르다, 나누다, 분류하다; 찌삐쩨끼
(terpilah)▷가르는.

삐렝아 렝아 - terbuka lebar (pintu)
문이 좍 열리다.

삐릐오 - mengintip, melongok
훔쳐보다, 머리를 위로 쳐다보다.

삐로누 - berkumur-kumur
입을 헹구다, 입을 씻어내다.

삐롱아 - menjenguk
고개를 내밀고 바라보다.

삐로띠 - pilot
비행기 조종사.

삐마따 - mencari
찾다, 찾아내다.

뺌바카 음바카 - tidur-tiduran
눕다, 기대다.

뺌바릐 - menjadi
~이 되다, ~로 되다.

뺌보이 - senyum
미소짓다, 미소하다; 깜보이 (senyuman,
lesung pipi)▷미소.

뺌부롸 - menanam
~을 심다, 재배하다, 뿌리다; 뺌부롸하
(penanaman)▷경작지, 재배지.

삐메아 - mengganti pakaian (habis
mandi)

옷을 갈아입다, 벗기다; **삐메아사**
(pakaian ganti)▷옷을 바꿈.

삐멩오 멩오 - melamun, menghayal
멍하다.

뻼삐 - tebing
제방, 절벽.

뻼뽀 - pimpong
탁구; **삐뻼뽀** (bermain pimpong)▷탁
구를 치다.

삐문따 - mengunyah
씹다, 깨물다; **찌삐문따** (terkunyah)▷
씹게 된; **삐문따 문따** (mengunyah-
ngunyah)▷씹어 먹다.

삐나나 - menjalar (api)
(불) 기어가다, 기다; **삐나나비시** (api
menjalari sesuatu)▷기어오르게 하다.

삐난다이 - mengingat, mengenang
생각해 내다, 기억하다; **찌삐난다이**
(teringat, terkenang)▷머리에 떠오르
다.

삐낭꾸 - rumput makanan ternak
가축의 식량, 풀(염소, 소가 먹는)

삔찌테 - berjingkrak
발끝으로 살금살금 걷다; **삐은찌테 은찌
테** (berjingkrak-jingkrak)▷발끝으로
살금살금 걷다.

삔찌코 - menengok ke bawah

고개를 숙이다; **삐깐찌코** (menengok
pakaian kala bepergian)▷(옷을 보고)
고개를 숙이다.

뻰다 - ❶ pindah ❷ masakan kering
(ikan/daging)
❶ 이전하다, 옮기다, 전근하다; **빠뻰다**
(memindahkan)▷이동시키다, 양도시
키다 ❷ (요리) 삶는 생선.

뻰데쿠 - mengangatkan diri dekat api
불에서 몸을 덥게 하다; 몸을 덥게 만들
다.

뻰동오 - dengar, mendengar
듣다; **찌뻰동오** (terdengar)▷들린; **뽀뻰
동오** (pendengaran)▷청취, 듣기.

뻰두아 - ulang, mengulang
반복하다, 또, 다시; **뻰두아하**
(pengulangan)▷반복, 되풀이, 반복하
다; **뻰두 뻰두아** (mengulang-ulangi)▷
자꾸 반복하다.

삐님부롸 - tanaman
작물, 수확.

뻰따하 - menanti, menunggu
기다리다; **뻰따항이** (menantikan)▷(잠
깐) 기다리다; **뻰따아 은따아** (menanti
nanti, menunggu- nunggu)▷기다리
고 있다.

뻰따부 은따부 - muka masam sambil

marah-marah

중얼거리다, 우물우물 말하다.

삔띠뤼 - pintil ban

밸브, 판막.

삔또 - melenting

탄성, 탄성력; **찌삔또** (terpelanting)▷
던져진, 내팽개쳐진.

삐누누 - pergi memanggil, menjemput

마중 나가다, 마중하러 가다; **찌삐누누**
(dipanggil)▷마중해 나가는; **까삐누누**
(panggilan)▷마중.

삥까나하소 - hati-hati, berhati-hati

조심성이 있는, 조심하다.

삥께토 응께토 - jalan pincang

절뚝거리며 걷다; **삐깡께토** (berjalan
dengan pincang)▷절름발이로 걸어가
다.

삐옴뿌아 - Tuhan

하나님.

삐홍아 - ❶ muncul ❷ menjenguk

❶ 나타나다, 나오다; **꾸마홍아**
(bermunculan)▷계속 나타나다; **삐홍
아 홍아** (duduk-duduk sambil
memunculkan wajah di jendela/
pintu)▷나타나고 있다 ❷ 고개를 내밀고
바라보다.

삐오 - suara anak ayam (mencari

induknya)

병아리의 소리; **삐삐오 삐오** (anak ayam
memanggil-manggil induknya)▷병
아리 소리가 나다.

삐빠 - pipa

파이프, 도관.

삐빠타카 - bertaubat

후회하다, 반성하다.

삐빠껜데 - memasak sayur

야채를 삶다; **까빠껜데** (masakan sayur)
▷삶은 것.

삐삐 - nyamuk kecil

작은 모기.

삐삐코 - menutup mata, meram

눈을 감다; **찌삐코** (bisa tertidur)▷잘 수
있다, 잘 자다; **뻠삐코 음삐코** (dengan
mata tertutup)▷눈을 감고 있다.

삐뻰다 - berpijak

~위에 서다, 밟고 서다; **삐뻰다사**
(pijakan)▷밟기, 발판.

삐뿌꾸 - mulai, memulai

시작, 시작하다; **삐뿌꾸사** (permulaan)
▷처음, 첫 부분.

삐뿌수 - ganti kulit

(뱀) 허물을 벗다.

삐사뿌 - mengelak

거절하다.

삐시 - memijat

손가락으로 누르다, 압박하다; **찌삐시**
(terpijat)▷마사지를 하는; **까삐시**
(pijatan)▷마사지; **삐삐시** (memijati)▷
마사지하다.

삐신쭈부 - berpakaian, berhias

정장하다, 차려입다; **삐신쭈부아**(tempat
berpakaian)▷정장하는 것.

삐시뿌지 - ingin dipuji, membanggakan
diri

거만하다, 건방지다; **삐시뿌지아소**
(membanggakan seuatu)▷자랑하다;
자만하다.

삐시또로 - pistol

권총.

삐수아 - masuk

들어오다; **빠삐수아** (memasukan)▷들
여놓다; **삐수아끼** (memasuki)▷들어가
다, 들어오다.

삐수아하노 에보 - pertemuan kaki bukit
dengan tanah rata

언덕 아래와 평평한 땅이 마주치는 곳.

삐수까바 - doa ritual pembukaan lahan
baru

(새로운 농장의) 전통 세레모니.

삐따 - pita

리본; **꼬삐따** (berpita)▷리본이 있다.

삐따부 - mendapat, menemukan

받다, 수령하다; **찌삐따부** (ditemukan)
▷받을 수 있는; **까삐따부아** (penyakit
yang disebabkan diganggu setan)▷
귀신을 만나다; **까삐따부사** (hasil usaha
yang diperoleh)▷세입, 수입.

삐땀보 - ❶ umpan ❷ menyalakan api

❶ 미끼, 먹이 ❷ 불을 켜다; **까삐땀보아**
(bahan/kayu awal untuk
menyalakan api)▷불을 태우는 도구.

삐땀보키 - memulai membersihkan
kebun

뜰을 깨끗이하다, 풀을 뽑다.

삐딴도 - menumpu

받쳐져 있다; **까삐딴도아** (tumpuan)▷
도마.

삐땅에 - menggulung tembakau,
merokok

담배를 피우다.

삐땅까하노 마누 - fajar menyingsing

새벽.

삐떼뻬우 - numpang sementara

잠시 다른 사람의 집에 살다.

삐또코이 - mengeker, membidik

겨누다, 조준하다, 겨냥하다.

삐또빠 - mencuci

빨래하다, 세탁하다; **찌삐또빠**(tercuci)

▷세탁하게 된; **삐또빠하** (cucian)▷세탁, 빨래.

삐바누 - mencuci tangan
물에 손을 넣다; **삐바누아** (tempat cuci tangan)▷손을 깨끗이 하는 곳, 컵; **삐바누이** (mencuci sesuatu)▷~을 깨끗이 하다.

삐바따 - batu dasar pagar
담밑의 돌.

삐바우 - berbuat
행실, 행동; **삐바우아** (perbuatan)▷행동하다, 소유; **삐바우 수마빠** (perbuatan salah)▷상반되다; **삐바우 우메빠** (perbuatan baik)▷은혜.

뽀찌부키 - berjatuhan
많이 떨어지다, 붓다.

뽀찌빠하소 - berpapasan, bertepatan
서로 엇갈려 지나가다.

뽀찌타삐 - menyandarkan
기대다; **빠뽀찌타삐** (menyandarkan)▷의존하다.

뽀찜베 - bertarung menggunakan parang
분쟁하다; **뽀찜베아** (pertarungan dengan alat parang)▷분쟁, 전투.

뽀쭈 - ❶ kepala ❷ pemimpin
❶ 머리 ❷ 지도자, 리더.

뽀타타 - menawar, tawaran
(값을) 흥정하다.

뽀타가 - berdagang
무역하다, 장사하다, 통상하다; **뽀타가하** (perdagangan)▷상업, 무역, 거래; **빤데 뽀타가** (pedagang)▷상인.

뽄뗌삐 - bersetubuh
성교하다, 교미하다.

뽀토사 - terkilir, keseleo, salah urat
(발목 따위를) 삐다.

뽀투루루 투루 - berduyun duyun
떼를 지어 모이다.

뽀엔데 - melayangkan, menerbangkan
날려 보내다, 날아가게 하다.

뽀가우 - berbicara, bercakap
말하다; **뽀가우아소** (membicarakan)▷숙의하다, 알려주다; **삐뽀가 뽀가우** (becakap-cakap)▷할 말이 있다.

뽀기카 - berkelahi
싸우다; **뽀기카 기카** (banyak orang pada berkelahi)▷서로 싸우다.

뽀김삐 - ❶ berhimpit ❷ Zulqaidah
❶ 서로 밀집되다, 빽빽해지다 ❷ 이슬람력의 11월.

뽀고루 - bermain bola
축구하다; **뽀고루아** (permainanan bola) ▷축구하는 곳.

뽀케 - rapat, kedap (tidak ada celah)

간격이 없다, 구멍이 없다.

뽀키따뿌꾸 - berjalan bersama tetapi berada di bagian belakang

뒤따르다, 뒤쫓다.

뽀키바나 - menangani, mengurusi

(일, 문제의 해결을 위하여) 바짝 달려들다, 다잡다.

뽀코 - meniup

불다 (호각; 바람 등); 뽀코 뽀코 (meniup-niup)▷여러 번 불다; 삐뽀코 뽀코 (bertiup tiup)▷바람이 불고 있다; 까뽀코 뽀코 (alat tiup, sumpritan)▷휘파람.

뽀코꾸 - minum

마시다; 까뽀코꾸 (minuman)▷음료; 마실 수 있는; 뽀코꾸아 (tempat minum) ▷마시는 곳; 빠뽀코꾸 (memberi minum, suka minum)▷마시게 하다; 빤데 뽀코꾸 (peminum)▷애주, 술마시는 것을 좋아하는 사람.

뽀하타 - pacaran, berpacaran

애인관계가 있는, 연애하는.

뽀하코 - menghadap (arah)

면하다, 향하다; 뽀하코삐 (berhadapan) ▷서로 면하다.

뽀하이 - menjemur

~을 햇볕에 말리다, 건조시키다; 깜뽀하이따 (jemuran)▷말리는 물건, 건조물.

뽀이니삐 - mimpi

꿈, 꿈을 꾸다.

뽀주쿠 - baku adu (ayam)

닭이 싸우게 하다 (도박).

뽀까나 - sama (bentuk/keadaan)

동일한, 같은; 뽀까나 까나 (sama semua, sejenis)▷모두 균등한.

뽀꼬 - pokok

자본, 자금, 자산.

뽀꼬우 - berputar

돌다; 삐뽀꼬 뽀꼬우 (berputar-putar)▷계속 돌다.

뽀꼬니아 - orang yang sering dipanggil atau waktu-waktu baik yang biasa dipakai

좋아하는 사람이나 시간.

뽀롸이 - melarikan diri

도망가다; 뽀롸이사 (tempat pelarian) ▷피난처, 은신처; 뽀뽀롸이아소 (baku bawa lari)▷(파트너) 서로 도망가게 하다.

뽀롸뤼 - mengosongkan isi suatu bejana/tempat dengan tempat lain

붓다, 퍼붓다.

뽀뤠뤠 - bersamaan, bertepatan

동시에, 일치하여; **뽀쩨쩨 쩨쩨** (pada
bertepatan, pada bersamaan)▷계속
동시에, 계속 일치하여.

뽀름바 - menyebrang
건너다; **뽀름바하** (waktu keluarnya
wanita yang dipingit, waktu
menyebrang)▷건너가는 시간; **뽀름바
사** (penyebrangan)▷건널목, 횡단보도;
찌뽀름바 (dimunculkan,
disebrangkan)▷건너가는; **빠뽀름바**
(menyebrangkan)▷건너가게 하다.

뽀쀠시 - polisi
경찰.

뽀쀠띠끼 - politik
정치; **꼬뽀쀠띠끼** (berpolitik)▷정치하
다.

뽀로 - getah
수액, 액즙; **꼬뽀로** (bergetah)▷수액이
있다.

뽀로빠 - pelepah
(바나나, 야자) 줄기.

뽀로시 - melarikan diri dari kerumunan
도망가다.

뽀루루 - bergelut dengan
레슬링을 하다.

뽀루시 - polusi
오염.

뽀마쀠 - pemali, dilarang
금지, 허락하지 않다; **뽀마쀠아**
(larangan, tidak boleh berjodoh
karena hubungan keluarga)▷금지,
가족 관계때문에 결혼하면 안 되다.

뽐바쀠 - membuat balok dari pohon
secara manual
(목공 기계를 쓰지 않고)각목을 만들다;
까뽐바쀠 (kayu balok)▷각목.

뽐바쀠아 - antara
~ 사이, 간격, 차이.

뽐비우 - permukaan/sambungan
sesuatu tidak rata/rapat
활처럼 휜, 만곡한, 굽은.

뽐보로 - pemborong
계약자, 청부인.

뽐부쎄 - mengembalikan
돌려주다, 돌려보내다; **까뽐부쎄**
(kembalian)▷거스름돈.

뽀메아 - membayar
지불하다; **찌뽀메아** (terbayar)▷지불하
는; **까뽀메아** (uang untuk membayar,
bayaran)▷지불, 납부, 불입.

뽀남보 - upah
보수, 임금, 보수를 주다.

뽄데쩌 - bicara pelo
말을 더듬다.

뽀니하코 - menghadap ke arah
면하다, 향하다.

뽀님바뼤 - menumbangkan (pohon)
벌목하다.

뽀닝까뱌 - bergerak untuk bangkit
bergiat
일어서다, 일어나다.

뽕아 - tombak ikan
(물고기를) 찔러 잡다.

뽕아뙤 - mengggali
파다, 채굴하다; **까뽕아뙤따** (galian)▷파
는 곳; **삐뽕아뙤** (menggali)▷계속 파다.

뽕앙아 - sesuatu seperti terbelah
쪼개진, 부서진.

뽕아시 - minuman tradisional (terbuat
dari air beras ketan hitam)
찹쌀물로 만든 전통 음료.

뽕까쭈 - memaki
욕을 퍼붓다, 욕질하다, 욕하다; **까뽕까쭈**
(makian)▷욕, 욕설; **삐까뽕까쭈**
(memaki)▷욕하다, 욕질하다; **삐뽕까**
뽕까쭈 (memaki-maki)▷계속 욕을 퍼
붓다.

뽕꼬 - membunuh
죽이다, 살해하다; **찌뽕꼬** (terbunuh)▷
죽이는; **삐뽕꼬아** (pembunuhan)▷살
인, 살해.

뽀호뢰 - ❶ mampu, bisa, dapat ❷
setelah itu
❶ 할 수 있다, 가능하다; **찌뽀호뢰**
(dapat diselesaikan)▷받을 수 있는; **까**
뽀호뢰 (kemampuan)▷재주, 능력, 유
능, 가능성 ❷ 그 후에, 그 뒤에; **사뽀호뢰**
노 (selelepas itu)▷후에, 한 후에.

뽀호뢰에 - dihabiskan
끝나다, 종결되다.

뽀호뢰모 - sudah
이미, 벌써, ~했었다.

뽀홈바 - memberitahu
(소식을) ~에게 알리다, 보고하다; **찌뽀홈**
바 (diberitahu)▷알려주는; **까뽀홈바**
(pemberitahuan)▷공고.

뽀빠 - kulit batang pisang
바나나의 줄기.

뽀빠하 - 4 (empat)
(4), 넷, 사.

뽀빠시끼 - terhambur kemana-mana
(~이 대해) 뿔뿔이 흩어진, 산재한.

뽀뻬아 - lantai
바닥.

뽀뻬아 - berapa
얼마.

뽀뻬주 - 7 (tujuh)
(7), 일곱, 칠.

뽀뽀로 - uang kawin, mahar

신부의 결혼 지참금.

뽀사빠 - berbeda

다르다; **뽀사빠 사빠** (berbeda beda)▷
모두 다르다.

뽀삼뿌 - menurunkan

떨어뜨리다, 투하시키다.

뽀상아 - meminta izin, minta pamit

허락, 허락받다, 먼저 실례(귀가 따위)를
하다.

뽀수 - ❶ pos, pos jaga ❷ mengirim
lewat pos, mempos

❶ 우편물, 우체국 ❷ 우체국으로 보내다.

뽀따부 - bertemu, berjumpa

만나다; **뽀따부아소** (bertemu dengan)
▷~와 마주치다; **뽀따부비시** (menjumpai,
menemui)▷~를 만나다; **찌뽀따부**
(ditemukan)▷마주치게 된; **까뽀따부아**
(hasil usaha)▷귀신을 만나고 나서 본인
이 아프다.

뽀따코 - berjudi

도박하다, 노름하다; **뽀따코아**(perjudian)
▷도박, 내기; **빤데 뽀따코** (tukang judi,
penjudi)▷도박사.

뽀따빠 - ❶ bersanding ❷ sama tinggi

❶ 나란히, 서로 협력하여 ❷ 같은 키의,
같은 방향의.

뽀떼빠키 - berjatuhan

많이 떨어지다, 붓다.

뽀또호꼬 - telungkup

엎드리는, 얼굴을 아래로 파묻고 있는.

뽀똥아 - model

모델, 모양, 형상; **꼬뽀똥아** (bermodel)
▷모델이 있다; **삐뽀똥아** (menggunting
kain untuk dibuat baju)▷옷을 만들기
위해 천을 자르다.

뽀비아 비아 - lari kocar kacir

뿔뿔이 흩어져 달리다, 마구 흩어져 달리
다.

뿌아사 - ❶ puasa, berpuasa
❷ ramadhan

❶ 금식하다 (이슬람 라마단 기간); **뿌아
사하** (bulan puasa)▷금식월 ❷ 이슬람
력으로 9번째 달.

뿌카타미 - sengaja

일부러, 의도적으로; **뿌카타미에**(dengan
sengaja dilakukan)▷일부러 하다.

뿌카헤 - apa

무엇. 어떤 것.

뿌카까까 - katak, kodok

개구리.

뿌카사 - akar

줄기; **꼬뿌카사** (berakar)▷줄기가 있다.

뿌코꼬찌 - mengahancurkan

때려부수다, 분쇄하다, 허물다.

뿌쿠 - menarik kaki celana/lengan baju
바지/옷 팔을 접다; **삐까뿌쿠** (menarik lengan baju/kaki celana)▷바지/옷 팔을 접다.

뿌쿠시 - menggugurkan daun
(잎) 떨어지다, 내리다; **찌뿌쿠시** (tergores)▷할퀴어진, 긁혀진.

뿌헤 - pusar (bagian tubuh)
배꼽.

뿌이시 - puisi
시, 운문.

뿌지 - memuji
칭찬하다; **찌뿌지** (terpuji)▷칭찬받는; **까뿌찌아** (pujian)▷칭찬, 찬미; **삐시뿌지** (ingin dipuji)▷칭찬받고 싶다.

뿌랑우 - bantal
베개; **삐뿌랑우** (memakai bantal)▷베개를 쓰다.

뿌로 - pulau
섬.

뿐다사 - membanting
던지다, 내던지다; **찌뿐다사** (terjatuh dengan bagian pantat duluan tersentak ke tanah)▷넘어지는.

뿐도리 - memplintir
꼬다, 감다, 비틀다; **찌뿐도리** (terplintir)

▷이미 풀려난, 면직된.

뿐두 - pungut, memungut
(땅 마루에 떨어진 것을) 집다, 줍다; **삐뿐두** (memungut)▷계속해서 따다. 겹치다.

뿐또키 - meludah
쓰러지다; **까뿐또키** (ludah)▷군침

뿌뿌 - pupuk
비료, 거름; **찌뿌뿌** (terpupuk)▷비료를 주는; **삐뿌뿌** (memupuk)▷비료주다, 시비하다.

뿌또호꼬 - telungkup
엎드리다; **찌뿌또호꼬** (tertelungkup)▷엎드리는; **뿌또호꼬미** (menelungkupi)▷~로 엎드리다.

뿌또리 - memutar sesuatu
돌리다, 칠하다; **찌뿌또리** (terputar)▷돌려지다, 칠하게 되다; **삐까빠또리** (memutar-mutar)▷장난꾸러기.

뿌후 - ❶ gabah padi dalam beras ❷ air yang menetes sedikt-sedikit
❶ 벼 낱알 (쌀 안에) ❷ 조금씩 물이 떨어지는 것.

라

라디오 - radio
라디오.
라헤야띠 - rakyat
국민, 대중, 민중.
라자 - raja
왕.
로지 - roji (permainan anak anak Cia cia)
야자나무로 만든 팽이 (찌아찌아 전통적
인 놀이); **삐로지** (bermain roji)▷로지
를 가지고 놀다.
라지아 - razia
급습; **찌라지아** (kena razia)▷급습된;
삐라지아 (merazia)▷급습하다.
람부따 - rambutan
람부탄 (과일).
랑까 - rangka, kerangka
도안, 설계 도면.
라뽀로 - buku laporan
성적표.
라뿌 라뿌 - gembok

자물쇠.
라뚜 - ratu
공주.
레께 - ❶ mengkalkulasi ❷ raket
❶ 계산하다, 타산하다 ❷ 라켓
레께니 - rekening
계산, 청산, 결제, 계산서.
렉또로 - rektor
대학 총장.
렉라메 - reklame
광고.
레모 - rem, mengerem
브레이크, 브레이크를 밟다.
렌다 - renda
레이스 (수예품); **꼬렌다**(punya renda)
▷레이스가 있다; **삐렌다** (memakai
renda)▷레이스를 하다.
레뻬렌시 - referensi
참고, 참조.
레뽈마시 - reformasi

교정, 개선.

레세쁘시 - resepsi

환영회.

레세뿌 - resep

조리법.

로다 - roda

바퀴; **삐로다** (meroda, mengayun)▷
바퀴를 달다.

로히 - roh

영혼.

롬삐 - rompi

조끼.

로띠 - roti

빵.

로우 - rok

치마; **삐로우** (memakai rok)▷치마를
입다.

루무수 - rumus

약자, 약어.

사

사아 - bunyi sesuatu yang tertuang
획 소리가 나다; **꼬사아** (berbunyi
mengalir/tertuang)▷획 소리가 나다;
삐사아 사아 (air berbunyi sedang
mengalir)▷획 소리가 많이 나다.

사하 - ❶ ular ❷ api mulai menyala
❶ 뱀; **꼬사아** (mempunyai ular)▷뱀이
있다 ❷ 불꽃같이 빛나다.

사하바니 - bulan sa'ban
8월 이슬람 달력.

사하무쿠 - seumur hidup
영원히, 오래토록, 영구의; **뽀사하무쿠아
소** (rukun/setia hingga akhir hayat)
▷영원한.

사한따모 - sama nama
같은 이름.

사바카 - sabar
인내심이 있는, 끈기 있는; **까사바카**
(kesabaran)▷인내; **꼬사바카** (punya
kesabaran)▷인내심 있는, 침착한; **빠사
바카** (menyabarkan)▷참아내다, 인내
하다; **미아 꼬사바카** (penyabar)▷(성격
이) 차분한 사람.

삽론 - sablon
인쇄기; **삐삽론** (menyablon)▷인쇄하
다.

사보 - sabun
비누; **삐사보** (memakai sabun)▷비누
칠을 하다; **사보노 삐또빠하** (sabun
cuci)▷세탁비누.

사보따세 - sabotase
노동쟁의, 사보타지.

사부 - ❶ terjun ❷ cerai, mencerai
❶ 물에 들어가다, 뛰어들다, 다이빙하다;
삐까사부 (terjun-terjun)▷물에 들어가
다, 뛰어들다 ❷ 이혼하다, 이별하다; **사
부히시에** (menceraikan)▷이혼시키다.

사파부 - sebab
동기, 이유, 원인, 왜냐하면, 때문에.

사팡까 - teman

친구, 동료, 벗; **뽀사팡까** (berteman, bekerja sama)▷친구하다, 친구가 되다; **뽀사팡까하소** (melakukan usaha bersama)▷~를 사귀게 하다.

사다까아 - sedekah
자선기금; **삐사다까아** (bersedekah)▷자선기금을 주다.

사데뻬 - sadel
(말, 자전거 따위의) 안장.

사타타아 - masih ada seperti semula
아직 있다.

사타모 - sedangkan
~하는 동안, 한편.

사에 - lengan
팔.

사카 - masyarakat adat
지역사회 풍습.

사카우다 - sejenis pantun Ciacia
찌아찌아의 4행시.

사카비 - memberi tahu
(소식을) ~에게 알리다; **까사카비** (pemberitahuan)▷공고, 고시.

사켐바누아 - tetangga
이웃 사람(집), 옆 사람; **뽀사켐바누아** (bertetangga)▷이웃 사람이 있다.

사키부꾸 - memikul beban telalu banyak
짐을 많이 나르다.

사킴빠 - bagian tulang-tulang ikan (masakan)
생선의 뼈(여분).

사콩아하소 - mempercayakan, mengandalkan
의지하다, 의존하다; **사콩아하** (kepercayaan)▷안정, 보증; **찌사콩아하소** (dapat dipercaya, dapat diandalkan)▷에 의지하는; **사콩아히시에** (mengandalkan)▷에 의지하다, 의존하다.

사하 - ❶ lombok, cabe ❷ sah
❶ 고추; **사하비** (melomboki)▷고추를 주다 ❷ 합법적인; **찌빠사하** (disahkan)▷합법화 되는; **빠사하** (mensahkan)▷합법화하다.

사하무 - saham
주식.

사이 - emperan rumah
집의 현관.

사자다 - sajadah
기도할 때 바닥에 까는 깔개.

사지아 - selalu
항상.

사까삐 - keterlaluan
너무하다, 지나치게.

사까라띠 - sekarat

(단말마의) 고통, 고뇌, 몸부림.

삵시 - saksi

목격자; 삵시이시에 (menyaksikan)▷
증언하다, 입증하다; 까삵시아노
(kesaksian)▷증거, 증언.

사끼 - wabah, penyakit

전염병, 유행병.

사롸 - ❶ celana ❷ salah

❶ 바지; 삐사롸 (memakai celana)▷바
지를 입다; 사롸 꼬아따 (celana
panjang)▷긴 바지 ❷ 틀린, 잘못된; 사
롸에 (salah, menyalahi)▷잘못하다, 적
합하지 않다; 찌사롸 (meleset dari
tempat sebenarnya)▷(목표가)빗나가
다; 까수마롸 (kesalahan)▷잘못, 실수,
실책; 빠사롸 (menyalahkan)▷비난하
다; 뽀사롸 (berbeda)▷다른.

사롸피 - lebih baik, sebaiknya

(~하는 편이) 더 좋은.

사롸호 - keliru

길을 잃다, 정확하지 않다, 빗나가다.

사롸끼 - menyetubuhi

성교하다.

사롸마띠 - selamat

안전한, 무사한; 까사롸마띠
(keselamatan)▷행복, 번영; 빠사롸마

띠 (menyelamatkan)▷구하다, 구출하
다.

사람비비 - mengigau

헛소리를 하는, 정신 착란의; 삐사사람비
비 (mengigau-ngigau)▷헛소리를 하
다.

사롸밍꾸 - salah tingkah

잘못된 행동.

사롸빠카 - bulan safar

2월 이슬람 달력.

사롸사 - hari selasa

화요일.

샆주 - salju

눈; 꼬샆주 (bersalju)▷눈이 있다, 눈이
오다.

사뢰 - menuang

붓다, 따르다; 찌사뢰 (tertuang)▷붓는.

사뢰파바하 - sel darah putih saat
melahirkan

태어날 때 나오는 백혈구.

사뢰꾸아 - ❶ menyalipkan kedua
tangan ke belakang ❷
pembangkang

❶ 손을 묶다; 찌사뢰꾸아 (tangan
tersalip ke belakang)▷손을 묶인 ❷ 반
역자, 반동자, 반대자.

사뢰빠빠 - memapah

177

부축하다; 받쳐주다.

사론 - ❶ salon ❷ pengeras suara
❶ 미용실 ❷ 확성기

사루 - penjepit gagang parang (dari
tanduk kambing atau pipa)
칼의 손잡이, 칼의 핸들; **삐사루**
(membuat penjepit gagang parang)
▷칼의 손잡이를 만들다.

사마카사꾸 - gaduh, berisik
엉망, 소란.

사마쿠에 - (istilah) panggilan seorang
istri pada istri suami yang lain
아내가 다른 남편의 아내를 부를 때 붙이
는 명칭; **뽀사마쿠에** (menduakan
seorang suami)▷아내가 다른 아내를
부를 때 붙이는 명칭이다.

삼바 - selendang
어깨걸이, 쇼울, 머플러; **삐삼바** (memakai
selendang)▷어깨걸이를 쓰다.

삼바헤아 - sembahyang
기도하다 (이슬람).

삼바빠 - sambal
매운 양념 (고추로 만든); **삐삼바빠**
(membuat sambal)▷양념류를 만들다.

삼바뤠에 - semua
모두.

삼베 - menukar

바꾸다; **뽀삼베** (tertukar)▷교환하다;
뽀삼베 삼베 (tertukar-tukar)▷여러 번
교환하다.

삼비키 - bagian samping-samping
ruangan pertemuan/rumah
(집) 방의 가장자리.

삼부 - menyuap
손으로 먹이다; **삼부 삼부** (menyuapi)▷
손으로 먹이다; **뽀삼부** (saling menyuap)
▷서로 손으로 먹이다.

삼부케 - menyapu
빗자루로 청소하다; **까삼부케** (sapu)▷빗
자루; **삐삼부케** (menyapu)▷비질하다
(청소).

사메아 - memesan
주문하다; **까사메아** (pesan, pesanan)▷
메시지, 주문.

삼빠루 - buah asam
신맛.

삼뽀 - sampo
샴푸; **삐삼뽀** (memakai sampo)▷샴푸
를 쓰다.

삼뽀부부 - penutup bubungan
봉우리, 꼭대기.

삼뽀파바 - teman jalan
친한 친구, 같이 가는 친구.

삼뽀니 - besan

사돈.

삼뿌 - turun

내려가다; **삼뿌끼** (turun mengambil)
▷~을 내려 집어가다 ; **뽀삼뿌**(menurun
kan)▷떨어뜨리다; **삼뿌 후멘데** (naik
turun)▷올라갔다 내려가다.

사무아 - jerawat

여드름; **꼬사무아** (berjerawat)▷여드름
이 있다.

사나하 - senang

기쁜; **까사나하** (kesenangan)▷기쁨; **빠
사나하** (bersenang-senang)▷즐기다,
즐거운 시간을 보내다.

산다카 - isyarat

예를 들어; **삐산다카** (memberi isyarat)
▷예를 들어 주다.

산다삐 - sendal

슬리퍼; **삐산달삐** (memakai sendal)▷
슬리퍼를 신다.

산데 산데 - memapah, menyandarkan

기대다; **빠산데 산데** (membaringkan
dengan cara bersandar)▷~을 기대다;
삐산데 산데 (bersandar-sandar)▷기대
다.

산디 - ❶ sandi ❷ batu tumpuan tiang
rumah panggung

❶ 마디, 관절 ❷ 집기둥의 주춧돌.

산디바라 - sandiwara

연극; **삐산디바라** (bersandiwara)▷연
극을 하다.

산두 - menimba

물을 퍼내다; **까산두** (timba)▷물통; **삐
산두** (menimba)▷물을 퍼내다.

산따 - ❶ santan

❶ 야자유; **까산따이** (makanan yang
disantan)▷야자유로 요리; **꼬산따**
(bersantan)▷야자유가 있다; **삐산따이**
(memberi santan)▷야자유를 주다 ❷
(같은 종류의) 고구마.

산뜨리 - santri

이슬람을 공부하는 학생.

상아따 - tersendat (saat makan)

음식이 목에서 막힌, 침체된.

상가라 - kue-kue gorengan (pisang
goreng)

바나나 튀김, 볶아진 것.

상고뿌 - sanggup

가능한, ~할 수 있는.

상이아 - tempat yang keramat

신성한 곳; **꼬상이아** (punya tempat
keramat)▷신성함이 있다.

상까 - penuh, terasa penuh

가득 찬, 충만한.

상끼 - menambahkan (beban)

짐을 더하다; **까상끼** (tambahan beban)▷짐의 부가.

상꼬까 - dekat dengan
친밀한, 가까이; **뿌상꼬까** (berdekatan) ▷인접한.

상오 - merangkul
포옹하다, 껴안다; **상오아** (rangkulan)▷ 포옹, 껴안음; **뿌상오** (saling merangkul) ▷서로 포옹하다.

사빠 - memegang/menahan dengan telapak tangan
(손으로) 더듬다; **삐사빠** (memegangi dengan telapak tangan)▷(손으로) 더듬다, 만져보다.

사빠리 - safari
출장.

사쁘뚜 - hari sabtu
토요일.

사삐 - sapi
소.

살자나 - sarjana
학사.

사사 - cicak
도마뱀.

사시 - melarang
금하다.

사떼 - sate
꼬치, 적; **삐사떼** (membuat sate)▷꼬치를 굽다.

사떼릿뜨 - satelit
위성.

사우 - kayu
나무; **사우 사우** (kayu kayu kecil)▷작은 나무; **사우 니땀보** (kayu bakar)▷장작.

사우키 - terlalu, keterlaluan
너무, 지나치게, 극심하다.

사후메따하노 - sebaiknya
(하는 편이) 더 좋은, ~하는 것이 좋다.

사바 - ❶ meminta ❷ sawah
❶ 부탁하다, 요구하다; **사바하소** (memintakan)▷~을 위하여; **사바끼** (memintai)▷~을 부탁하다, ~을 요구하다; **삐사바 사바** (meminta minta)▷요구하는 것을 좋아하다 ❷ 논, 수전; **삐사바** (bersawah)▷농사를 짓다.

사비 - ❶ menumpang kendaraan ❷ sawi (sayur)
❶ 타다; **사비까** (kendaraan tumpangan)▷차량; **사비끼** (menumpanngi)▷(차량을) 타다; **수마비노** (yang menumpang)▷승객 ❷ 양배추(야채류).

세아 - ❶ semut ❷ mengiris

❶ 개미; **꼬세아** (bersemut)▷개미가 있다 ❷ 얇게 썰다; **찌세아** (teriris)▷얇게 써는; **삐세아** (mengiris iris)▷얇게 썰다.

세아니 - mematikan bara api masakan
불 끄다; **삐세아니** (mematikan bara api masakan)▷불 끄다.

세바 - duduk bersila
단정하게 앉다; **빠세바** (duduk bersila)▷단정하게 앉다.

세빠 - meruncingkan
날카롭게 만들다; **찌세빠** (teruncing)▷날카롭게 된.

세델하나 - sederhana
적절한, 적당한.

세게뻬 - menyegel
조인하다, 보증하다, 딱지를 붙이다; **꼬세게뻬** (bersegel)▷딱지가 있다.

세자라 - sejarah
역사.

세까 - membelah (bambu/rotan)
(대나무, 등나무) 찢다; **찌세까** (terbelah)▷찢어진.

세께미 - mendesak dengan cara mendekati
(때, 거리 등) ~에 접근하다, ~에 다가가다, 가까워지다; **뽀세께미**▷(saling berdesakan) 서로 가까워지다.

세롸 - percikan api
빛; **꼬세롸** (muncul percikan api)▷빛을 발하다, 불꽃을 내다.

세뻬 - menyelip pisau/parang bersama sarungnya di pinggang
끼워넣다; **까세뻬** (sarung parang)▷몸을 싸는 천; **삐까세뻬** (menyelip pisau/parang di pinggang)▷끼워넣다.

세뻬이 - slei
잼.

세리 - sel, memasukan ke sel
감옥, 감옥에 집어넣다.

세멧떼레 - semester
학기.

세미나라 - seminar
세미나.

셈빠 - ❶ memotong miring ❷ miring
❶ 자르다 ❷ 기운, 비스듬한, 기울어진, 경사진.

세남 - senam
체조.

센쩨 - banyak bicara sambil marah
소리치다, 절규하다; **삐센쩨 센쩨** (marah-marah sambil banyak bicara)▷(혼내면서) 말을 많이 하다.

세니 - seni

미술; 꼬세니 (mempunyai seni)▷예술
품을 소유하다.

세노 세노 - orang yang kurang waras
생각이 못미치는(부족한) 사람.

세빠 - menendang
발로 차다, 발길질 하다; 찌세빠
(tertendang)▷발로 차게 된; 까세빠
(tendangan)▷차기; 삐까세빠 (main
tendang)▷발로 차게 하다.

세쁘뎀베레 - september
9월.

세라가무 - seragam
유니폼, 제복.

세레 - ❶ menyukai (pacar)
❶ 대략, 대략하다, 견적하다 ❷ 짝을 찾
아 보다; 까세레아 (pacar, tunangan)▷
(남자, 여자) 친구; 빠세레 (mencari-
cari pacar)▷짝을 찾아 보다; 뽀세레
(berpacaran)▷서로 짝을 찾아 보다.

셀띠삐까 - sertifikat
수료증.

세세 - ❶ berputar tidak teratur ❷
marah-marah sambil banyak bicara
❶불규칙하게 돌다 ❷ 화를 내면서 많이
말하다.

세세이 - mengaruk tanah (seperti
ayam)

(닭이 모이를 찾기 위해) 긁다.

세바 - ❶ menyewa ❷ ongkos
세내다; 빠세바하소 (menyewakan)▷
세놓다, 임대하다 ❷ 비용, 차용, 삯.

스끼리삐시 - skripsi
논문.

스빤두 - spanduk
현수막.

스뽄소로 - sponsor
후원자, 스폰서, 지원자.

스따디오 - stadion
경기장.

스딴다라 - ❶ standar ❷ stand kaki
motor
❶ 표준, 기준 ❷ 모터의 지주.

스뚜디오 - studio
스튜디오.

시이 - ❶ keturunan ❷ bunyi desiran
(angin/air)
❶ 후예, 자손; 꼬시이 (punya
keturunan)▷후예가 있다 ❷ 바람의 소
리; 꼬시이 (berbunyi desir)▷바람의
소리가 나다; 삐시이 시이 (berdesir-
desir)▷바람 소리가 나다

시아쁘 - sial
불행한; 까시아쁘 (kesialan)▷불행, 제
기랄; 삐시아쁘 (membuat sial)▷불행

을 당하다.

시아사 - hidup miskin, melarat

가난한, 부족한.

시아 시아 - sia-sia

소용이 없다, 쓸데없는, 득이 없는; **빠시
아 시아** (menyia-nyiakan)▷게을리하
다, 등한시 하다.

시다 - sidang

회의, 재판.

시타 - ingin sekali, sangat suka

너무 원하다, 너무 하고 싶다.

시투 - menyendok

숟가락으로 ~을 집어 들다, 숟가락으로
뜨다; **까시투** (sendok)▷숟가락; **삐시투**
(menyendok)▷숟가락으로 ~을 집어 들
다.

시가키 - merinding

오싹 소름이 끼치는, 무시무시한.

시기롸 - menyikut

팔꿈치로 밀어 젖히다; **찌시기롸**
(tersikut)▷팔꿈치로 밀어 젖히는.

시기롸엔데 - (istilah) meningkat, maju,
berkembang

발전시키다, 오르다.

시기마누쿠 - (istilah) makmur,
sejahtera, hidup bahagia

번영하는, 부유한, 평온한.

시키까 - peranakan, keturunan

자손, 후예.

시키까에아 - buah srikaya

스리까야 (열대과일 이름).

시킹이 - ikut-ikutan, meniru

모방하다, 모사하다, 모조하다; **뽀시킹이**
(saling meniru)▷서로 모방하다; 서로
모사하다.

시히리 - sihir, menyihir

마법, 요술, 마법을 걸다; **찌시히리**
(tersihir)▷마법을 거는.

시까 - sikat

솔, 브러시; **삐시까** (menyikat)▷솔질하
다.

시끼 - ❶ kecewa ❷ mengelap kotoran
manusia/hewan

❶ 실망한, 기대가 어긋난; **꼬시끼**
(kecewa)▷실망하다 ❷ (사람의, 동물의)
쓰레기를 깨끗이 하다; **삐시끼**
(membersihkan kotoran manusia/
hewan)▷(사람의, 동물의) 쓰레기를 깨
끗이 하다.

시끼사 - menyiksa

학대하다, 고문하다; **찌시끼사**(tersiksa)
▷학대하는, 고문하는; **까시끼사**
(siksaan)▷학대; **빠시끼사**
(mensengsarakan)▷학대하다, 고문하

다.

시꼬찌 - sekoci

거룻배.

시꼬까 - kaki terlepas saat memanjat

나무 위에서 떨어지다.

시꼬롸 - sekolah, bersekolah

학교, 학교에 다니다; 까씨꼬롸

(pendidikan)▷교육; 빠시꼬롸

(menyekolahkan)▷입학시키다, 학교

에 보내다.

시꼬빠 - sekopang

삽; 삐시꼬빠 (menyekopang)▷삽으로

파다.

시꾸 - siku

팔꿈치; 시꾸뢰 (menyikut)▷팔꿈치로

밀어 젖히다; 뽀시꾸뢰 (baku sikut)▷서

로 팔꿈치를 밀어 젖히다.

시뤠 - silet

면도칼; 삐시뤠 (menyilet)▷면도칼로

하다.

시뤼 - kulit

피부.

심비 - menebas

자르다, 잘라내다; 찌심비 (kena tebas)

▷자르는; 뽀심비 (baku tebas)▷서로 자

르다.

심보우 - biawak

이구아나 (서인도 및 남미의 수목 속에 사

는 초식성 큰 도마뱀; 식용).

심빵아 - simpangan

지류, 분기; 뽀심빵아하

(persimpangan)▷교차로.

심삐 - ❶ menyelipkan sesuatu

❶ 연마하다, 갈다; 찌심삐 (terselip

pada sesuatu)▷연마하는.

시무 - sim (surat izin mengemudi)

운전면허증.

심뿌쿠 - turun ke bawah

아래로 내리다; 삐까심뿌쿠

(menurunkan ke bawah)▷나무에서

내려오다.

시나하 - nafas

숨, 호흡; 꼬시나하 (punya nafas,

kecewa)▷숨이 있다; 삐시나하

(benafas)▷호흡하다, 숨 쉬다.

시나빠 - senjata

권총.

신도뢰 - tergelincir

미끄러지다.

시네네 - hari senin

월요일.

신떼레 - senter

플래시; 삐신떼레 (menyenter)▷(태양

이) 비치다.

싱아 - singa
사자.

싱기로아 - khitanan
할례; 삐꽁기로 (menghitan)▷할례시키
다.

싱까쿠 - cincin
반지; 삐싱까쿠 (memakai cincin)▷반
지를 끼다.

싱까까 - terkejut (bayi saat tidur)
(아기)놀란, 질겁한; 삐시싱까까(sering
terkejut)▷자주 놀라다.

싱끼카이 - mata melirik
곁눈질하다; 까싱끼카이 (lirikan mata)
▷곁눈질.

싱꾸 - sudut
구석, 코너; 꼬싱꾸 (punya sudut)▷구
석이 있다.

싱꾸이 - menyindir
넌지시 일러주다, 암시하다; 뽀싱꾸이
(saling menyindir)▷서로 넌지시 일러
주다.

시오 - suara mengusir ayam
닭을 몰아내는 소리.

시오 시오모 - mudah-mudahan
~하기를 바라다.

시빠뚜 - sepatu
구두, 신발; 삐시빠뚜 (memakai

sepatu)▷신발을 신다; 빠삐시빠뚜
(memakaikan sepatu)▷신발을 신겨주
다.

실꾸수 - sirkus
서커스, 곡마단.

시따 - sita, menyita
차압하다, 몰수하다; 찌시따 (tersita)▷
차압하는.

시따니 - ❶ emosi ❷ gaya
❶ 화난; 꼬시따니 (naik emosi)▷화난,
성이 난 ❷ 스타일, 태도, 자세; 빠시따니
(bergaya)▷스타일이 있다.

시떼뤄 - ❶ menyetel ❷ stel, pasangan
❶ 설치하다, 조정하다 ❷ 구성단위.

시띠리까 - setrika
다리미; 삐시띠리까 (menyetrika)▷다
리미질을 하다.

시또로 - menyetor
지불하다; 찌시또로 (tersetor)▷지불하
는.

시또로무 - setrum, menyetrum
전류, 전류가 흐르게하다, 찌시또로무
(tersetrum)▷감전된.

시우아 - 9 (sembilan)
(9) 아홉, 구.

시붉루 - turun bersama air (makanan)
흐르는; 빠시붉루 (menurunkan

makanan bersama air minum)▷흐

르다.

시부루까 - keturunan, peranakan

똑같은 후예.

소아 - masakan mulai panas/mendidih

(요리) 이미 따뜻한.

소하쩌 - soal

문제.

소아나 - kanan

오른쪽; 삐소아나 (ke arah kanan)▷오

른쪽으로 가다.

소바 - mencoba

시험해 보다; 소바하 (cobaan)▷검사.

소부키 - menyirami kuburan

무덤에 물을 주다; 찌소부키 (disirami

dengan air)▷무덤에 물을 주는.

소타 - pohon tumbang yang tersangkut

pada pohon lain

다른 나무에 걸려있는 넘어진 나무.

소토 - ❶ demam ❷ menyadap (madu)

❶ 열, 열이 나다 ❷ (꿀) 수액을 받다.

소고 - sogok, memyogok

뇌물을 주다; 찌소고 (tersogok)▷뇌물을

주는.

소카 - ❶ dekat dengan ❷ pendamping

orang yang dipingit

❶ 가까이; 뽀소카 (berdekatan)▷이웃

의, 인접한 ❷ 결혼하기 전 처녀가 격리될

때 파트너가 된 어린아이.

소키 - ikan mulut panjang

동갈치(생선 이름).

소키 키아 - masa kuning jagung

옥수수가 노란색이 되는 시기(수확할 수

있는 시기).

소케 - kandas di tepi sungai,

terdampar

전복되다; 찌소케 (terdampar)▷해안에

밀리다.

소코 - menyorong

끌고 가다; 소코 소코 (menyorong-

nyorong)▷여러 번 끌고 가다; 찌소코

(tersorong)▷끌고 가는.

소코포 - menghisap

연기 내다, 연기를 뿜다; 삐소코포

(menghisap)▷연기를 뿜다.

소콩아 - peti pakaian dari kayu

나무로 만든 상자.

소코뿌 - menyepuh

(금속 따위를) 담금질하다; 삐소코뿌

(menyepuh)▷~을 담금질하다; 까소코

뿌 (sepuhan)▷담금질하는.

소코뿌니 - memeluk, mendekapi

포옹하다, 껴안다; 뽀소코뿌니

(berpelukan)▷서로 껴안다.

소이 - mengikat, menganyam

(천 따위를) 짜다; **찌소이** (terikat, teranyam)▷땋은 (끈); **까소이** (ikatan) ▷땋은 (끈) 줄; **삐소이** (mengikat, menganyam)▷(천 따위를) 짜다.

소끼 - tamak, rakus

탐욕스런; **까수모끼** (ketamakan)▷탐욕.

소로 - ❶ menggendong anak dari belakang ❷ alur aliran air

❶ 어깨로 짐을 나르다 ❷ 물의 순환.

소로 소로 - darah putih yang keluar saat melahirkan bayi

아기를 출산할 때 나오는 백혈구.

소로데레 - solder

납땜; **삐소로데레** (menyolder)▷납땜하다.

소로기 - tambal sulam

파편이 박히다; **삐소로기** (menanmbal sulam)▷~에 파편이 박히다.

소롱끼 - bagian pojok-pojok rumah

구석, 코너.

소마노 - asalkan

만일~ 이라면, ~한다면.

소마노쁘 - asal jadi, asal-asalan

점을 쳐주다.

솜바 - ❶ menyembah ❷ silau

❶ 존경하다; **삐솜바** (bersembah)▷존경하다; **뽀솜바** (bersembah dengan)▷서로 존경하다 ❷ 눈부신.

솜바쁴 - kiri, sebelah kiri

왼쪽; **삐솜바쁴** (mengarah ke kiri)▷왼쪽으로 가다.

솜부 - melubangi

구멍을 내다, 투표하다; **찌솜부** (terlubangi)▷찌르는, 구멍을 내는, 투표하는; **까솜부** (sesuatu yang lubang) ▷구멍.

솜뻬타 - tersendat (saat makan/minum)

(먹을 때) 긘, 막힌, 침체된.

솜삐 - mengiris (memetik jagung), memotong

옥수수를 따다; **찌솜삐** (teriris)▷따는; **삐솜삐** (mengiris, memotong)▷따다.

솜뽀로띠 - menyemprot

분무하다, 뿌리다; **삐솜뽀로띠** (meyemprot)▷~을 뿌리다.

손쪼 - ❶ mulai mengering ❷ berhenti mengalir (darah)

❶ 마르다, 건조해지다 ❷ 상처의 피가 마르다.

손쫑아 - cara berbicara seperti sengau

비음, 콧소리.

송꼬 - ❶ songkok ❷ menutup
  ❶ 기도할 때 쓰는 모자; 삐송꼬
  (memakai songkok)▷모자를 쓰다
  ❷ (냄비, 물통) 덮다, 닫다; 까송꼬
  (penutup)▷덮개, 마개, 뚜껑.
송오 - betul-betul
  진실된, 정말.
송오헤 - kerjakan sendirian tidak
  membagi kepada orang lain
  혼자 하다, 다른 사람에 주지 않다; 송오
  송오헤 (tidak memberi dengan
  orang lain)▷다른 사람에게 주지 않다.
소삐레이 - seprei
  침대 시트.
소삐타 - sepeda
  자전거; 삐소삐타 (main sepeda,
  mengendarai sepeda)▷자전거를 타
  다.
소뿌 - menyepuh
  (금속 따위를) 담금질하다.
소소 - ❶ rokok ❷ susut, aus
  ❶ 담배; 까소소 (rokok)▷담배; 삐소소
  (merokok)▷(담배를) 피우다 ❷ 줄이다,
  감소하다.
소소루 - bubur
  죽; 삐소소루 (memasak bubur)▷죽을
  만들다.

소소나 - batas lahan
  한계, 제한; 뽀소소나 (berbatasan)▷~
  와 경계를 이루다, ~와 인접한; 뽀소소나
  하 (perbatasan lahan)▷경계, 분할.
소소삐 - mengisap
  빨아먹다; 삐소소삐 (mengisap)▷빨아
  먹다.
소소뿌 - mendekap
  포옹하다, 껴안다; 뽀소소뿌 (saling
  mendekap)▷서로 포옹하다, 서로 껴안
  다.
소또 - masakan coto
  인도네시아 고기 수프 일종.
소비키 - pinggir, samping
  가장자리, 모, 변두리; 뽀소비키
  (menyamping)▷가장자리로 가다.
소보 - mundur, kembali
  후퇴하다, 후진하다, 뒤로 가다; 소보끼
  (kembali/mundur untuk mencari,
  mengambil sesuatu)▷~을 집어가다;
  빠소보 (menyuruh mundur)▷취소하
  다, 폐기하다; 빠소보이 (membatalkan
  janji)▷취소하게 하다.
소붓 - memadamkan api
  불을 끄다, 불을 소멸시키다.
수앙게 - sundar bolong (setan)
  귀신.

수아카 - suara
소리; **수아카하소** (menyuarakan)▷소
리 나게 하다; **꼬수아카** (bersuara)▷소
리 나다.

수부 - subuh
새벽.

수파 - mencungkil ke atas
들다, 들어올리다; **수파끼**
(mengeluarkan dengan cara
mencungkil ke atas)▷들어올리다; **찌
수파** (tercungkil)▷들어올리는; **까수파**
(pencungkil)▷지레.

수페 - melengkung
복통, 위경련.

수테 - sutil
산적 꼬챙이.

수카 - surat
편지; **수카찌** (menyurati)▷~에게 편지
를 보내다.

수쿠 - ❶ menyisir ❷ melanjutkan
(ikatan pernikahan)
❶ 빗질하다, 빗다; **까수쿠** (sisir)▷머리
빗; **삐수쿠** (bersisir)▷머리빗으로 머리
를 빗다 ❷ (위치, 지위 따위가) 확고부동
한; **뽀수쿠** (saling menjaga
ikatan pernikahan)▷결혼하여 서로 돌
보다.

수쿠가아 - surga
천국.

수주 - sujud, bersujud
무릎 꿇고 머리를 땅에 대고 행하는 이슬
람교의 절 (기도).

수까카 - memerlukan bantuan sesuatu,
kesulitan
어떤 것을 필요로 하다; **까수까카**
(keperluan, kesulitan)▷필요, 필연.

수까찌 - mengukur
측정하다, 계량하다; **까수까찌** (ukuran)
▷측정; **삐수까찌** (mengukur)▷측정하
다, 치수를 재다.

수까이 - ❶ menebak masa depan orang
❷ memberitahu (istila)
❶ 점을 쳐주다 ❷ 알려 주다; **찌수까이**
(diberitahu)▷알린.

수꼬 - memakai, mengenakan
(pakaian)
옷을 입다.

수꾸키 - berjalan menaiki tanjakan
가장자리를 따라가다.

수꾸루 - bersukur
감사드리다.

수롸 - menyalakan
불을 켜다, 불을 붙이다.

수루따니 - sultan

술탄; **까수루따니** (kesultanan)▷술탄이
통치하는 지역.
수뻬 - posisi bayi melintang dalam
kandungan.
(임신 중) 아기가 가로지르다.
수삐리 - suling
피리; **삐수삐리** (meniup suling,
bermain suling)▷피리를 불다.
수뽀 - menyelipkan
동여매다, 동여매게 하다; **찌수뽀**
(diselipkan)▷동여매는.
수망아 - arwah orang tua/leluhur
영혼, 혼(죽은 이).
숨바 - menusuk
찌르다; **찌숨바** (tertusuk)▷찌른.
숨베뻬 - meyembelih
도살하다, (동물을 식용으로) 잡다; **찌숨
베뻬** (tersembeli)▷도살하는, 잡는; **삐
숨베뻬** (menyembelih)▷~을 도살하다.
숨부 - sumbu
신관, 도화선.
수메이 - semen
시멘트; **삐수메이** (menyemen)▷시멘트
로 바르다.
수메레 - semir
구두약; **삐수메레** (menyemir)▷구두약
을 쓰다.

숨빠 - sumpah
맹세; **찌숨빠** (tersumpah)▷맹세하는;
삐숨빠 (bersumpah)▷맹세하다.
숨삐 - kumis
콧수염, **꼬숨삐** (berkumis)▷콧수염이
있다.
수무 - sumur
우물, 샘.
수나미 - sunami
쓰나미.
순쭈 - menyusun/meletakan di atas
층층으로 놓다; **뽀순쭈** (bersusun)▷층
층으로 되다; **뽀순쭈 순쭈** (bersusun
susun)▷모두 층층으로 되다.
순데 - bengkok (badan)
활처럼 휜; **빠순데** (membengkokkan
badan)▷휘다, 구부리다.
수니 - kunyit
심황뿌리; **삐수니** (memberi kunyit)▷
심황뿌리를 뿌리다.
순띠 - menyuntik
주사하다; **삐순띠** (menyuntik)▷주사를
맞다.
숭끼 - mempertanyakan
~에 대하여 질문하다; **숭끼아소**
(mempertanyakan sesuatu)▷~에 대
하여 물어보다.

숭꾸 - ❶ terasa seperti penuh (perut) ❷ mensyarati

소화 불량(증); **찌숭꾸** (mentok, terasa penuh)▷소화 불량 (증) ❷ 간절히 바라 다.

수쁘 - sup

수프.

수쁘시디 - subsidi

보조금, 장려금 후원; **수쁘시디에** (mensubsidi)▷보조하다, 후원하다.

수삐 - ❶ kalajengking ❷ penjepit

❶ 전갈 ❷ 압착하는 것.

수삐리 - supir

운전사.

수뿌 수뿌 - lampu tembok

기름등불.

수수 - susu

우유.

수숨베케 - sendiri-sendiri

각자, 각기.

수뜨라 - sutra

비단, 비단천.

수우 - menjunjung (dengan kepala)

머리에 나르다; **찌수홍이** (tersundul oleh kepala)▷머리에 나르는 것.

따

따하루꾸 - tafakur, fokus
심사숙고, 묵상.

따항이 - mencegat
막다; 삐깐따항이 (menunggu untuk dicegat)▷막다; 찌따항이 (tertahan)▷막는.

따바꼬 - tembakau
담배, 잎담배.

따바쩨 - kerak baju
칼라.

따베 - meminta izin/maaf,
실례하다; 따베아 (permisi, maaf)▷실례하다.

따베아노 - ❶ kecuali ❷ seharusnya
❶ ~을 제외하고 ❷ 해야 되다, 해야 하다.

따보라끼 - menabrak
부딪치다, 들이받다; 찌따보라끼 (tertabrak)▷들이받는, 부딪치는; 뽀따보라끼 (bertabrakan)▷서로 부딪치다, 서로 충돌하다.

따부카 - menjatuhkan
떨어지게 하다; 찌따부카 (terjatuh)▷넘어진, 전복된.

따부키 - menimpa
내려누르다, 쳐 넘어뜨리기, 쓰러뜨리다; 뽀따부키 (saling menimpa)▷서로 내려누르다; 뽀따부 따부키 (saling timpa-menimpa)▷서로 밀어서 펴다.

따붕아 - tabungan
저축; 삐따붕아 (menabung)▷저축하다, 저금하다.

따파 - lemak
지방, 비계; 꼬따파 (berlemak)▷지방이 있다.

따테 - berdiri
서다, 세우다; 삐은따테 은따테 (keadaan berdiri)▷서고 있다, 세우고 있다; 뽀따테 (menyuruh berdiri, mendirikan)▷세우다, 일으키다, 설립하다.

따에 - ❶ hinggap ❷ menangkap
sesuatu benda dari jauh
❶ (새가) 앉다, 걸터 앉다; **따에비**
(menghinggapi)▷~에 내려 앉다, ~에
앉다 ❷ 붙잡다, 붙들다.
따엠보시시 - angin puting beliung
태풍, 회오리바람.
따에빠 - mangga
망고.
따가뀌 - bertahan, tidak menurut
거절하다; **뽀따가뀌** (saling bertahan)
▷서로 거절하다.
따카 - ❶ tinggal ❷ sisa
❶ 살다; **삐따카 따카** (tinggal dengan)
▷거주하다, 살다; **삐따카 따카하노**
(tempat tinggalnya)▷사는 곳 ❷ 나머
지, 찌꺼기.
따카쫌뿌 - bimbang, ragu
주저하다, 망설이다.
따캄빠주 - maju atau mundur terhalang
관계있는.
따키마 - terima, menerima
받다, 이루다; **찌따키마** (diterima)▷받
는, 이루는; **뽀따키마** (saling menerima)
▷서로 받아 주다.
따코 - ❶ taruhan (judi)
❶ 내기 따위에 건돈, 판돈, (돈을 걸고)

주장하다 **뽀따코** (berjudi)▷도박하다,
노름하다; **뽀따코아** (perjudian)▷도박
하는 곳, 도박장; **빤데 뽀따코** (tukang
judi, penjudi)▷노름꾼, 도박사.
따호 - menadah
덫을 놓다.
따후 - tahu
두부.
따이 - laut
바다; **삐따이** (melaut)▷물고기를 찾다,
바다에 가다.
딲시 - taksi
택시.
따끼 - tai (kotoran hewan/manusia)
똥.
따꼬 - menadah, menyadap
받다, 붙들다; **까따꼬아** (wadah untuk
menadah)▷물받이 그릇; **삐따꼬**
(menadah, menyadap)▷~을 붙들다.
따꼬로 - tekor
손실, 손해.
따꾸 - tahun
년, 해; **아 따꾸** (satu tahun)▷1년; **수수
키 따꾸** (setiap tahun)▷매년.
따꾸뻬롸 - belimbing
과수의 일종.
따롸빠 - melepas

풀리다, 빠지다; **찌따꿔빠** (terlepas)▷풀
리는, 빠지는.

따꿰사 - menghamparkan
풀다, 헐다; **삐따꿰사** (menghampar)▷
풀다, 헐다.

따꿰 - memutar-mutar (dari ikatan)
버둥거리다, 몸부림치다; **삐따꿰 따꿰**
(memutar mutar sambil terikat)▷버
둥거리다, 몸부림치다.

따꿰가이 - tali pengangkut barang di
kapal laut
(배에서) 실은 물건의 끈.

따꿰가라무 - telegram
텔레그램.

따꿰꾸 - ❶ belakang ❷ punggung
❶ 뒤; **이 따꿰꾸** (di belakang)▷뒤에 있
다; **뽀키따꿰꾸** (berjalan tetapi
berada di bagian belakang)▷뒤따르
다, 뒤쫓다; **뽀따꿰꾸** (saling
membelakangi)▷서로 뒤를 향하다, 뒤
로 면하다 ❷ (사람 동물의) 둥.

따꿰뽀 - telepon
전화, 전화하다.

따마띠 - tamat
졸업한, 완료한; **빠따마띠**
(menamatkan)▷끝마치다, 완료하다.

땁바 - memotong
자르다, 조각내다, **찌땁바** (kena potong)
▷자르는, 조각내는; **까땁바하** (bekas
potongan)▷자르는 곳.

땁바꿰 - tembilang
팽이.

땁바가 - tembaga
구리, 동.

땁비 - ❶ wc, toilet, belakang rumah ❷
sejenis nyanyian khusus orang mati
di Ciacia Laporo
❶ 화장실; **삐땁비** (buang air kecil)▷화
장실에 가다; **삐땁비아** (tempat buang
air kecil)▷소변을 버리는 곳 ❷ 찌아찌
아 꿔뽀로의 죽은 사람을 위한 노래.

땁비 땁비 - laci peti pakaian
서랍.

땁부아 - tumpukan
쌓아놓은 것, 더미; **삐땁부아** (membuat
tumpukan)▷쌓다; **아 땁부아**
(setumpuk)▷한 더미; **땁부아노 바쭈**
(tumpukan batu)▷쌓아놓은 바위.

땁부꿔 - katarak
백내장; **꼬땁부꿔** (mata katarak)▷백내
장이 있다.

땁부니 - menimbun, mengubur
쌓다, 묻다, 파묻다; **찌땁부니**
(tertimbun, terkubur)▷쌓인; **삐땁부**

니 (menimbun, mengubur)▷쌓다, 쌓아올리다.

땀뻬아시 - berserakan

흩트리다, 흩어진.

땀뽀 - membakar

태우다, 불을 켜다; **땀뽀이** (membakar)▷태우다, 불을 켜주다; **사우 니땀뽀** (kayu bakar)▷장작.

땀뽀레 - menambal

고치다, 수선하다; **까땀뽀레** (tambalan, kain untuk menambal)▷기운 곳, 수선한 곳; **삐땀뽀레** (menambal)▷고치다, 수선하다.

따나까하소 - membiarkan

묵인하다.

따나라빠 - tanah lapang

들, 초원, 광장, 넓은 땅.

딴다 - tanda

표시, 기호, 부호; **딴다 딴다** (tanda-tanda)▷증상; **딴다이** (menandai, ingatan)▷표시하다; 기억, 추억; **까딴다이** (tanda, label)▷표시한 곳; **꼬딴다** (punya tanda, punya label)▷표시가 있다; **딴다 마따** (tanda mata)▷기념품, 선물; **딴다 땅아** (tanda tangan)▷서명, 사인.

딴두 - tanduk

가마 (인력거)에 실어 나르다, 뿔, 뿔로 밀다; **꼬딴두** (bertanduk)▷뿔이 있다; **뽀딴두** (saling menanduk)▷서로 뿔로 밀다; **딴두노 쿠사** (tanduk rusa)▷사슴뿔.

따넴뻬 - menerima sesuatu dari bawah

받아들이다; **삐따넴뻬** (menerima dari bawah)▷받아들이다; **뽀따넴뻬** (memberi dan menerima)▷서로 받아들이다.

딴따라 - tentara

군인.

땅 - tang

집게.

땅아사 - tempat umum

대중, 민중, 공중.

땅아사노 - sementara

도중에, 하는 중에, 당시.

땅에 - menggulung tembakau, merokok

담배를 말다; **까땅에** (batang rokok)▷담배; **삐땅에** (merokok)▷담배를 피우다, 흡연하다.

땅가라 - tanggal

날짜.

땅가루루 - terlalu lama, lelet

너무 오랫동안, 지나치게 오래 걸린.

땅고 - tanggung, menanggung

보증, 보장; **삐땅고** (menanggung)▷보
증하다.

땅구루 - tanggul
댐.

땅까 - tahan, kuat, awet
단단한; **삐꼬땅까** (bertahan, berkuat)
▷단단하게 묶다.

땅까이 - mempertahankan
참다, 견디다; **까땅까이** (penguat,
penahan)▷약정; **뽀땅까이** (saling
memepertahankan ide)▷서로 옹호하
다.

땅까노모 - hanya itu saja, sudah begitu
saja
~밖에 없다.

땅까노뽀 - begitu saja dulu tetapi
그래도, 그러나.

땅께헤 - sana, yang sana
거기, 그곳, 저기, 저곳, (위치) 위에; **까땅
께헤** (disana)▷위로 향하다.

땅끼 - tangki, tengki
탱크.

땅구루 - tanggul
줄기, 대, 잎자루.

땅오 - menutup
덮다, 닫다, 싸다; **찌땅오** (tertutup)▷닫
힌, 덮인; **까땅오** (penutup)▷덮개, 마

개, 뚜껑.

따빠이 - mengasapi, memanggang
굽다; **삐따빠이** (mengasapi,
memanggang)▷굽다; **까따빠이** (ikan
yang diasapi, ikang panggang)▷구
운 것.

따뻬 - ❶ tape ❷ menyangga dari
bawah dengan telapak tangan
❶ 발효시킨 타피오카, 발효시킨 쌀 ❷ 손
으로 받아들이다; **까따뻬**
(penyangga)▷지지물.

따삐 - ❶ lapisan ❷ menyusun, susunan
❶ 층, 쌓은 두께; **뽀따삐** (berlapis)▷층
층으로 되다 ❷ 쌓다, 작성, 편찬.

따뽀카 - pertemuan (sisi benda)
만나는 곳 (물건의 측면, 가장자리가).

따라무수 - termos
진공병.

따람부롸 - kue terang bulan
과자의 이름.

따라빠뙤 - terpal
캔버스천, 올이 굵은 천.

따라시 - terasi
(새우 따위를 갈아 만든) 어묵.

따리구 - terigu
밀가루.

따리마까시 - terima kasih

감사하다; **삐따리마까시** (berterima
kasih)▷감사하게 하다, 감사를 하다.

따시 - tas
가방.

따따 - memotong berulang ulang
자르다; **따따시** (memotong motong
tali)▷자르게 하다; **삐따따** (memotong
motong)▷자르다.

따땅꾸 - dekat
가깝다; **빠땅꾸비시** (mendekati)▷~에
접근하다, ~에 다가가다; **뽀땅꾸**
(berdekatan)▷이웃의, 인접한.

따따 우사하 - tata usaha
행정 관리.

따또 - tato
문신, 타투; **삐따또** (mentato, membuat
tato)▷문신을 만들다.

따우 - ❶ menyimpan ❷ turun dari
kendaraan/gendongan
❶ 보관하다; **따우아소** (menyimpankan)
▷보관해주다; **찌따우** (tersimpan,
dikebumikan)▷놓이다, 묻히다 ❷ 사람
을 내리다.

따우카 - menurunkan
내려놓다.

따바 - kena, berhasil
~을 맞다, ~을 당한; **뽀따바**

(bersamaan, bertepatan)▷서로 맞다,
서로 당한; **뽀따바하소** (bersamaan/
bertepatan dengan)▷동시, 같은 시간.

따바까가 - bimbang
주저하다, 망설이다.

따바까꽈 - tawakal, bertawakal
(신에게) 복종함.

따바꾸쿠 - tafakur
(신에게) 곰곰이 생각하다.

따베 - ❶ panci, periuk ❷ tidak berhasil,
rugi, mati
❶ 냄비; **따베 부따** (periuk dari tanah)
▷솥 ❷ 실패하다; **따베히시에** (rugi,
tidak berhasil)▷실패하다.

따부 - nama lain dari kelamin pria
남근의 다른 이름.

떼 - ❶ teh ❷ bahwa
❶ 차 ❷ ~한다는 것.

떼파시 - menakik
자르다, 조각내다; **까떼파시** (takikan)▷
자른 곳.

떼페끼 - melobangi (buah)
뚫고 들어가다.

떼헤뻬 - tehel, keramik
바닥.

떼께 - ❶ menanda tangani ❷ mencatat
❶ 사인 ❷ 적다, 메모하다; **삐떼께**

(menandatangani, mencatat)▷사인
하다, 적다.

떼쀄삐시 - televisi
텔레비전.

떼로 - gagap
말을 더듬다.

뗌바 - menembak
무기, 병기, 총, (총을) 쏘다; 찌뗌바
(tertembak)▷총에 맞은; 뽀뗌바 (baku
tembak)▷서로 쏘다.

뗌뻬 - tempe
콩으로 만들어지는 발효음식(청국장과
유사).

뗌뽀 - tempo, waktu, kesepakatan
waktu
시간, 때, 시간을 정하다; 뽀뗌뽀
(bersepakat tentang waktu)▷서로 약
조하다.

뗀다 - tenda
텐트.

뗀데 - melenting, meloncat
튀어 오르다, 튀기다; 찌뗀데 (terlenting)
▷튀어 오르는, 튀기는; 삐뗀데 뗀데
(meloncat loncat)▷뛰어 돌아다니다.

떼니시 - tenis
테니스.

뗀떼 - bengkak

부은, 부푼; 삐짜뗀떼 뗀떼 (bengkak-
bengkak)▷많이 부은, 많이 부푼.

뗑까 - ❶ jarak tanam ❷ memajang,
menjajar, menjejer
❶ 재배하는 사이 ❷ 전시하다, 한 줄로
서다 (물건).

떼오리 - teori
이론.

떼시 - tes
시험; 떼시에 (mengetes)▷시험하다.

떼떼베이 - tidak menghiraukan orang
lain
어떤 것은 진지하게 하다.

떼바시 - mencaci
욕하다; 까떼바시 (cacian)▷욕; 뽀떼바
시 (saling mencaci)▷서로 욕하다.

떼비 - menghambur
흩어지게 하다; 찌데비 (terhambur)▷
흩어진.

띠이 - diam, tidak berbicara
조용한, 정숙한; 삐띠이 띠이 (diam-
diam)▷말하지 않는.

띠라 - tilang
교통 법규를 위반한, 교통 규칙 위반자
(운전자)를 적발하다.

띠께 - tiket
표.

띠마 - timah

주석.

띤따 - tinta

잉크.

또 - ton

톤 (중량의 단위).

또하쿠 - banyak

많은; **까또하쿠사** (orang banyak)▷사
람이 많다; **삐꼬또하쿠** (memperbanyak)
▷배가하다, 증가하다.

또페 - ❶ memanen padi ❷
mematahkan, patah (tertiup angin)

따다, (벼를) 수확하다; **또페아** (waktu
panen padi)▷벼의 수확 시기 ❷ (바람
때문에) 무너지다.

또페쩨아 - mejelang sore hari

오후.

또포 - ❶ kris ❷ jagung bersama
tongkol

❶ 단도(끄리스) 이슬람교도가 지니고 다
니는 칼 ❷ 옥수수의 수량사.

또포끼 - menusuk dengan pisau

(사람을) 찌르다, 찔러 죽이다; **찌또포끼**
(ditusuk dengan pisau)▷찔러 죽이는;
뽀또포끼 (saling menusuk dengan
pisau)▷서로 찌르다, 서로 찔러 죽이다.

또타 - tegang, tidak lemas (benda)

(밧줄. 돛이) 팽팽하게 쳐진, 경직된, 뻣뻣
한.

또테 - lari

달리다, 뛰다, 도망치다; **또테 또테 마누**
(lari lari kecil)▷조깅; **삐또테 또테**
(berlari-lari)▷가볍게 뛰다; **응꾸마 은**
또테 (berlari-larian)▷정신 없이 달리
다, 허겁지겁 달리다; **빤데 또테** (pelari,
tukang lari)▷주자, 달리는 사람.

또캉아 - tengadah, menengadah

머리를 위로 올려보다; **또캉아삐**
(menengadapi)▷~을 올려보다; **삔또**
은또캉아 (menengadah ke atas)▷머리
를 위로 올려보고 있다.

또켄데 - badan/benda mengalami
hentakan.

떨다.

또코 - tegak

똑바로; **또코 라로** (mengerjakan
sesuatu dengan pikiran tenang)▷참
다, 견디다; **삐꼬또코** (menegakkan,
duduk dengan tegak)▷똑바로 만들다.

또코케 - pelangi

무지개.

또쿠 - penutup kepala (sejenis
payung)

대나무로 만든 모자; **삐또쿠**(memayungi)

▷덮다, 닫다.

또쿠꾸 - ❶ punggung ❷ tanjakan
❶ 등 ❷ 기운 토지.

또쿵꾸 - memenjara
투옥하다, 감옥에 집어넣다; 찌또쿵꾸
(masuk penjara)▷투옥된; 까또쿵꾸
(penjara, tahanan)▷감옥, 감방, 교도
소, 형무소.

또가 - toga
(대학의) 학위복.

또게 - taoge
콩나물.

또한다 - ❶ setengah matang (buah) ❷
badan terasa sakit karena
hentakan/salah gerak
❶ 반숙, 반절만 익은 ❷ 몸이 마비된.

또조 - ereksi
(기관 특히 성기의) 발기; 빠또조
(menjadikan ereksi)▷발기하다.

또께 - tokek
큰 도마뱀의 일종.

또낀다 - terkejut
놀란, 질겁한, 대경실색하는; 삐또또낀다
(sering terkejut)▷깜짝 놀라다.

또꼬 - tokoh
가게, 상점.

또라 - menolak
거절하다, 각하하다; 찌또롸 (tertolak)▷
거절당한; 뽀또롸 (saling menolak)▷
서로 거절하다.

또란도 - rantau, negeri orang
만, 외국; 삐또란도아 (hidup di rantau
orang)▷외국에 살다.

또롸오 - ❶ terlanjur ❷ takabur
❶ (목적지보다) 더 가다, 지나쳐 버리다
❷ 교만한, 젠 체하는.

또뤠타 - sepupu
사촌; 또뤠타 이 롸로 (sepupu satu kali)
▷사촌형제(종형제); 또뤠타 또뻰두아
(sepupu dua kali)▷6촌형제(재종형제).

똘링아 - telinga
귀.

또로 - telan, menelan
삼키다, 삼켜버리다; 찌또로 (tertelan)▷
삼켜진, 삼켜버린.

또로베아 - perantara, pengantar
hubungan pertunangan
중개, 조정, 중재.

똠바 - lumpur
진흙, 진창; 꼬똠바 (berlumpur)▷진흙
이 있다; 꼬똠바 똠바 (penuh lumpur)▷
더럽다.

똠부 - tumpukan (barang jualan)
쌓은 더미, 무더기, 퇴적; 삐똠부

(menumpuk barang jualan)▷쌓다,
쌓아올리다.

똠부시 - ❶ menembus ❷ menugal,
membuat lubang dengan tugal
❶ 깊숙이 박힌 ❷ 구멍을 파다, 구멍을
파고 심다 (뿌리다); **까똠부시**(tugal)▷구
멍을 파는 연장; **삐똠부시**(menugal)▷구
멍을 파다, 구멍을 파고 심다(뿌리다).

또메시 - menumis
야채를 기름과 함께 볶다; **까또메시**
(masakan tumis)▷볶음; **삐까또메시**
(membuat masakan tumis)▷야채를
기름과 함께 볶다.

똠빠 - menerkam
쪼다, 물다.

똠뻬 - memangkas dahan pohon
나무를 자르다, 조각내다.

또나가 - tenaga
힘; **꼬또나가** (bertenaga)▷힘센, 힘이
있다.

똔다 - memandu berjalan sambil
memegang tangan
손을 잡아 안내를 받는; **똔다 똔다**
(memegangi tangan sambil berjalan)
▷손을 잡아 이끌다.

똔데 - gelas
잔.

똔도 - pagar
담, 울타리; **까똔도** (pagar keliling,
kandang)▷축사; **삐똔도** (memagari,
membuat pagar)▷주위에 울타리를 치
다.

똔두 - ❶ tenggelam ❷ tidak kelihatan
❶ 가라앉다; 침몰하다 ❷ 볼 수 없는.

또노아나 - ❶ bagian atas kepala,
unyeng-unyeng ❷ suatu pertanda
❶ 머리 위에 있는 것 ❷ 표시, 징후.

똔또 - ❶ memandang ❷ berhenti, libur
❶ 보다, 바라보다; **똔또 똔또**
(memandangi) ▷바라보다 ❷ 멈추다,
서다.

똔또팡아 - bingung, berpikir sejenak
(apa yang mau didahulukan)
놀라서 입을 헤 벌리고.

똥아 - ❶ pinggang ❷ tengah
❶ 허리 ❷ 중, 가운데; **똥아 똥아**
(pertengahan)▷가운데; **똥아노 아로**
(tengah malam)▷밤.

똥아노 쿠몬다 - jumadil akhir
이슬람력으로 6번째 달.

똥께 - menancap
깊숙이 박힌; **빠똥께** (menancapkan)▷
깊숙이 박다.

똥꼬에 - terkait, tersangkut di leher

목이 메다.

똥꼬 똥꼬 - kalung

목걸이; **삐또똥꼬** (memakai kalung)▷
목걸이를 걸다; **똥꼬 똥꼬 부라바**
(kalung emas)▷금 목걸이.

똥꾸 - ❶ memikul beban di pundak ❷ lembar

❶ 어깨로 짐을 나르다 ❷ 장 (수량사); **아 똥꾸** (satu lembar)▷한 장; **삐아 삐아 똥꾸** (beberapa lembar)▷여러 장.

똥오 - tidak ada bicara (keadaan melongo)

조용한, 말 없는; **삐똥오 똥오** (melongo)
▷조용한, 말 없는.

똥오키 - keras kepala, tidak menurut

장난꾸러기의.

또호 - menentukan waktu

시간을 결정하다, 시간을 확정하다.

또호아 - seperti mau muntah, mual

(속이) 메스껍다; **삐또또호아** (mau muntah)▷토하다, 구토하다.

또호바 - besar

큰; **빠또호바** (memperbesar)▷커지다,
커지게 하다; **또호바 빠찌** (terlalu besar)
▷너무 큰.

또빠 - menampar

따귀를 때리다; **찌또빠** (tertampar)▷따

귀를 때리는; **까또빠** (tamparan)▷따귀
때림.

또삔두아 - sepupu dua kali

6촌형제(재종형제).

또로또아라 - trotoar

인도, 보도.

또로봉아 - terowongan

터널, 굴.

또또 - ❶ mengikuti petunjuk/arahan ❷ cocok, tepat

❶ 조화; **빠또또** (memberi arahan/
petunjuk)▷조화시키다; **까빠또또**
(petunjuk, nasehat, arahan)▷지시;
뽀또또 (mengarahkan)▷평행의; 같은
방향의 ❷ 건강한, 회복된, 완쾌한.

또또루 - 3 (tiga)

(3), 셋, 삼; **또로 뿌루** (tiga puluh)▷30,
삼십; **또로 하쭈** (tiga ratus)▷300, 삼
백; **또로 키부** (tiga ribuh)▷3.000, 삼천.

또부 - tebuh

사탕수수.

또부아 - sejenis lebah yang besar

큰 벌 종류.

뚜가시 - tugas

의무, 과제, 임무를 이행하다.

뚜구 - tugu

탑.

뚜루시 - menebus

벌금을 내다; **까뚜루시** (tebusan)▷벌금,
과태료.

뚜모로 - tumor

암.

뚠뚜 - tuntut, memuntut

요구하다, 요청하다; **뽀뚠뚜** (saling
menutut)▷서로 요구하다.

뚜리시 - turis

관광객, 여행자.

우

우탕이 - mengingat, mengenang
기억하다, 고려하다; **우탕이아소**
(mengingatkan)▷조심시키다, 경고하
다; **찌우탕이** (teringat)▷머리에 떠오르
다: **까우탕이** (peringatan)▷충고, 경고.

우지아 - ujian
시험, 시도, 조사; **우지에** (menguji)▷시
험하다, 조사하다.

우까 - juga
역시, 또한, ~도.

우쾌마 - ulama
(이슬람교의) 신학자.

우쀄아 - memuat
(안에) 담고 있다, (배에서) 짐을 싣다; **쀄
후쀄아** (memuat)▷짐을 싣다.

우루 - ❶ muncul, keluar ❷ api
penerang, obor
❶ 튀어나오다, **찌후루** (muncul keluar)
▷돌출시키는; **빠후루** (memunculkan
keluar)▷돌출시키다, (밧줄 따위를) 풀

다, 풀어내다 ❷ 횃불.

우마띠 - umat
신자, 사람(종교적으로 사용).

움베 - iya
네, 예; **쀄홈베** (mengiya)▷동의하다.

움불 움불 - umbul-umbul
기, 깃발.

우메쾌 - baik, bagus
좋은; **쀄꼬후메쾌** (memperbaiki)▷좋
아지다, 고치다, 수정하다; **우메쾌 시나
하노** (baik hati)▷친절한.

움라 - umrah
성지 순례 (메카 순례의 일부분).

우무쿠 - umur
나이; **꼬후무쿠** (berumur)▷나이가 들
다.

우나 - menaruh, menyimpan
보관하다, 저축하다, 저장하다; **우나하소**
(menyimpankan)▷보관시키다, 보존
시키다.

우나 우나 - ❶ menyimpan-nyimpan ❷ dendam

❶ 저축하다, 저장하다 ❷ 복수; 우나 우나히시에 (menyimpan dendam terhadap)▷원한을 품다; 뽀우나하소 (saling mendendam)▷서로 복수하다.

운다 - mau, setuju

원하다, 필요하다; 운다히시에 (mengiyakan)▷허락하다.

운데 - membanggakan diri

거만한, 자존심이 강한; 삐훈데 운데 (membangga banggakan diri)▷자랑스럽게 여기다.

운디 - undi, mengundi

복권; 운디에 (mengundi)▷복권을 추첨하다.

운따 - pegang, memegang

잡다, 붙잡다, 쥐다; 운따 운따 (memegang-megang, membawa)▷만지작거리다, 가지고 오다: 까훈따카마사 (tempat berpegang)▷손잡이: 뽀훈따 (berpegangan)▷손을 마주잡다; 뽀훈따 뤼마 (berjabat tangan)▷악수하다.

웅까 웅까 - menggoyang-goyang (naik turun)

흔들흔들; 빠훙까 훙까 (menggoyang-goyangkan naik turun)▷흔들리게 만들다; 삐웅까 웅까 (bergoyang- goyang naik turun)▷계속 흔들리다.

웅까까 - anak

아이; 웅까 웅까까 (anak-anak)▷아이들; 꼬훙까까 (beranak)▷아이가 있다; 웅까까 마찜부키 (generasi muda/penerus)▷시대.

웅까 뽀쭈 - mengangguk

고개를 끄덕이다.

웅꾸 - mengajak, memanggil

부르다, 초청하다, 초대하다; 웅꾸 웅꾸 (memanggil-manggil)▷계속 부르다; 까훙꾸 (ajakan, panggilan)▷부름.

우삐띠 - upeti

공물, 조공, 선물.

우사하 - usaha

노력, 진력; 꼬우사하 (mempunyai usaha)▷노력이 있다; 삐후사하 (berusaha)▷노력하다.

우사 우사 - kerja sendiri, tanpa teman

혼자, 자신.

우수 - rusuk, tulang rusuk

늑골, 갈빗대.

우바 - urat

신경, 정맥, 혈관.

바

바 - awalan nama wanita di Buton
남동 술라웨시 부톤 여자의 이름 특징.

바하 - ❶ mengalir, air yang mengalir,
❷ tertuang
❶ 흐르는 물, 흘러나오다 ❷ 붓는, 쏟는.

바찌 - waci (pimpinan adat ke-tiga)
dalam sistem adat Ciacia
세 번째의 찌아찌아 원로.

바쭈 - batu
돌, 바위; 바쭈 바쭈 (batu-batu)▷돌들;
꼬바쭈 (berbatu)▷돌이 있다.

바디 - kue waje
과자의 일종(찹쌀, 설탕, 야자 따위로 만
든).

바코 - mengarah, bergerak mengarah
~방향으로, 향하다.

바쿠아바 - bawah kolong
집의 지하, 밑의 공간.

바자 - baja
강철.

바지뿌 - wajib
의무적인.

밝뚜 - waktu
시간; 아 밝뚜 (suatu waktu)▷~ ㄹ 때

바끼뛰 - wakil
대표; 바끼뛰아소 (mewakilkan)▷권한
을 부여하다.

바똬까 - berangkat, pergi
친족, 일족.

바란다 - Belanda
네덜란드.

바똬따 - retak
금이 간, 갈라진, 부서진, 깨진.

바똬 바똬 - pagi-pagi
아침.

바뻬카 - belerang
유황.

바뛰 - wali
종교 지도자; 바뛰 바뛰 (wali-wali)▷대
인.

바네암빠시 - setan yang menakutkan

악마, 사탄.

바누이 - membersihkan, mencuci

씻다; **삐바누** (mencuci tangan) **삐바누이** (membersihkan)▷~을 씻다.

반떼 - wantek

염료; **삐반떼** (memberi wantek)▷염색하다.

방까 - ❶ gigi geraham ❷ gentar

❶ 어금니 ❷ 진동, 두려운.

바 오데 - ciri khusus nama perempuan orang Buton

남동 술라웨시 부톤 왕가 자손의 여자 이름 특징.

발나 - warna

색깔; **꼬발나** (berwarna)▷색깔이 있는; **삐발나이**▷색깔을 칠하다.

발따 베리따 - warta berita

뉴스.

바루 - warung

가게.

바사 - anyam, menganyam

주름잡다, 땋다, 천 따위를 짜다.

바센데카오 - sejenis pantun Ciacia

찌아찌아의 4행시.

바시아띠 - wasiat

유언, 유서; **꼬바시아띠** (berwasiat)▷유

언이 있다; **바시아띠히시에** (mewasiatkan)▷유언을 남기다.

바따 - batang kayu besar yang sudah ditebang

나무그루.

바비 - babi

돼지.

바보 - atas

위; **이 바보** (di atas)▷위에 있다; **쁘키바보** (berada di bagian atas)▷위에 있다.

바보니히 - wawonii

찌아찌아 전통 축제 때 쓰는 큰 사각형 밥.

바부뻬까 - burung elang

독수리.

베아 - ❶ loteng ❷ bara

❶ (건물의) 층 ❷ 불씨; **꼬베아** (bara api masih menyala)▷불씨가 있다; **베아노아삐** (bara api)▷연소 중인 석탄.

베헤또 - bisul pada kelopak mata

다래끼 (눈병); **꼬베에또** (menderita bisul pada kelopak mata)▷다래끼가 나다.

베짜 - burung kakaktua

앵무새의 일종.

베세뻬 - wesel

우편, 송금 (우편환).

베따 - ❶ pihak ❷ di bagian/sisi

❶ 측, 쪽, 방면; 베따 모하네 (pihak lelaki)▷남자 편의 ❷ 편, 당, 짝; 뽀베따 (bersebelahan)▷나란히 있다.

비찌 - betis

종아리.

비쭈꼬 - bintang

별.

비키 - tiupan angin yang becampur air hujan

돌기한, 돌출한 (코를 풀다); 비키 비키 (air hujan yang ditiup angin)▷바람이 느리게 불다.

비나루 - bekal

도시락; 삐비나루 (membawa bekal)▷도시락을 가지고 가다.

빈쪼뢰 - memijat

손가락으로 누르다; 까빈쪼뢰 (pijatan)▷마사지; 삐빈쪼뢰 (memijati)▷마사지를 하다, 안마하다.

비네 - bibit

씨, 종자.

비수다 - wisuda

졸업식.

비따끼 - menghacurkan

절구로 부수다; 찌비따끼 (dihancurkan)▷부서진.

비비 - ❶ bibir ❷ pinggir

❶ 입술; 음꼬비비 (banyak bicara)▷말이 많다 ❷ 물가, 강기슭, 해안; 비비노 롸롸 (pinggir jalan)▷길가.

비비코 - air hujan yang masuk ke dalam ru mah karena tiupan angin

비 올 때 집이나 물건에 맞은 이슬.

보쿠 - bawah

아래; 이 보쿠 (di bawah)▷아래에; 뽀키 보쿠 (berada di bagian bawah)▷밑에 있는.

보뢰오 - suku wolio

부톤 볼리오 민족.

본짜 - menggonggong

개가 멍멍짖다; 삐본짜 본짜 (menggonggong gonggong)▷개가 계속 멍멍 짖다.

보네 - butiran yang lebih kecil dari hasil gilingan (padi, jagung)

작은 쌀이나 옥수수 알, 곡물.

보노 - bau

냄새, 후각, 향기; 꼬보노 (berbau)▷냄새가 나다; 삐보노 (mencium bau)▷냄새를 맡다.

봉꼬 - mengikat menjadi satu ikatan

다발, 묶은; 삐봉꼬 (mengikat sesuatu menjadi satu ikatan)▷묶다; 아봉꼬

(satu ikat)▷한 다발.

볼떼뻬 - wortel

당근.

보또 - biji wijen

기장, 보리.

보우 - bengkok, membengkok

굽은, 만곡한.

보반짜 - berisik karena bertengkar

시끄러운.

보보호 - beban

짐, 화물; 뻬보보호 (menyiapkan beban, memikul beban)▷짐을 나르다.

부아 - ❶ menaikan barang ❷ buah pinang ❸ buah

❶ 올려놓다, 짐을 싣다 ❷ 빈랑 나무 ❸ 과일; 꼬부아 (berbuah)▷열매를 맺다.

부카 - menggemburkan, gemburan

푸석푸석하게 만들다, 쌓아놓은 것, 더미; 뻬부카 부카 (bertumpuk)▷무더기로, 쌓여 있는.

부카카 - membongkar dari tumpukan

(큰 상자 따위를) 열다, (꾸로미 짐을) 풀다; 찌부카카 (terbongkar dari tumpukan)▷여는, 푸는.

부키 - ❶ membantu menuang air ketika orang lain mencuci tangan ❷ menanam

❶ (우리가 손을 씻을 때 다른 사람이 물을 주는 상황) ❷ 심다; 재배, 빤데 부키 (orang yang bertugas menanam)▷경작자, 재배자.

부주 - berita yang belum pasti, rumor

확실한 증거가 없는 소식, 루머 ; 빠부주 (menghasut)▷선동하다, 부추기다.

부까이 - memipil

옥수수의 알갱이를 따다; 까부까이 (jagung pipil)▷옥수수 알갱이.

부꼬우 - baru

새로운.

부꾸 - kerah, setinggi leher

칼라; 부꾸노 파주 (kerah baju)▷옷 칼라.

부롸 - bulan

달, 계절; 부롸노 파카 (musim barat)▷서쪽 계절; 부롸노 찜부쿠 (musim timur)▷동쪽 계절; 부롸노 끼아 (musim hujan)▷우기; 부롸노 호뤠오 (musim kemarau)▷건기.

부롸마따 - mata terbelalak, melotot

눈을 부릅뜨다; 부롸하소 마따 (memelototi sesuatu)▷눈을 크게 뜨고 바라보다.

부롸보 - tikus

쥐.

부뻬 - kadal

도마뱀 (류).

부렌짜 - menghamburkan, menghamparkan

풀다, 헐다; 찌부렌짜 (terhampar)▷풀린.

부뻬시 - membentangkan (tikar)

펼치다; 찌부뻬시 (terbentang)▷펼쳐진.

부뤼 - tandang

(바나나 따위의) 묶음; 아 부뤼 (satu tandang)▷한 묶음.

부루 - ❶ mengusir ❷ bulu

❶ 몰아내다, 쫓아내다 ❷ 몸의 털, 깃털; 부루노 마따 (bulu mata)▷속눈썹.

부루시 - membilas

헹구다, 씻다; 삐부루시 (membilas)▷헹구다, 씻다.

분뻬 - montok

포동포동한, 토실토실한, 비대한.

봉아 - jari

손가락; 봉아노 뤼마 (jari tangan)▷손가락; 봉아노 까께 (jari kaki)▷발가락.

봉오 - jamur

버섯, 진균류; 꼬봉오 (berjamur)▷버섯이 있다.

부따 - tanah

땅, 토지; 부따 뿌루 (tanah pulut)▷찰흙; 부따 까미나하 (tanah asal, tanah kelahiran)▷고향.

부또 - diri sendiri

혼자.

부부 - merubuhkan, membongkar pagar

벽돌 울타리를 헐다, 파괴하다; 찌부부 (rubuh)▷벽돌 울타리를 파괴하는.

야

야 - ya
> 네, 예, ~자.

야후디 - yahudi
> 유태인의.

야끼니 - meyakini
> 굳게 믿다, 확신하다.

야야산 - yayasan
> 재단, 사단법인.

사

사불 - zabur
  찬송가.
사림 - zalim
  잔인한, 혹독한, 잔악한.
사뜨 - zat
  물질, 물체.
숲히자 - Zulhijah
  이슬람력의 12월.
숲까이다 - Zulkaidah
  이슬람력의 11월.

까무수

찌아찌아 라뽀코 - 인도네시아 - 꼬레아

빤데 따삐

띰 야야산 부다야 보남 - 찌아찌아 소라보삐오

KAMUS
BAHASA CIACIA LAPORO - INDONESIA - KOREA

PENYUSUN

TIM YAYASAN BUDAYA WONAM CIACIA SORAWOLIO

찌아찌아 라뽀코어 - 인도네시아어 - 한국어
사전

작성

소라올리오 찌아찌아 원암문화재단 사전편찬팀

까무수
찌아찌아 라뽀코 - 인도네시아 - 꼬레아

앙고따 띰

빤데 따뻬 : 아비딘 - 꿀니아봔 아쁘리얀또

빤데 미콤뿌노 다따 : 라 오데 자바루

빤데 삐마아나이아노 뿌루노 뽀가우 : 아비딘, 라 아리, 모하맏 라시드

KAMUS
BAHASA CIACIA LAPORO - INDONESIA - KOREA

ANGGOTA TIM

PENYUSUN : Abidin - Kurniawan Apriyanto

PENGUMPUL DATA : La Ode DJabaru

PENERJEMAH : Abidin, La Ali, Mohamad Rasyid

찌아찌아 라뽀코어 - 인도네시아어 - 한국어
사전

사전편찬팀

작성자 : 아비딘   ,   꾸르니아완 아쁘리얀또

자료 수집자 : 라 오데 자바루

번역자 : 아비딘   , 라 알리   , 모하맛 라시드

찌아찌아 끄라뽀꼬어 - 인도네시아어 - 한국어 사전

초판 1쇄 인쇄 2021년 12월 20일
초판 1쇄 발행 2021년 12월 27일

저　　　자 소라올리오 찌아찌아 원암문화재단 사전편찬팀
연구 및 출판 지원 (사)훈민정음세계화재단
펴 낸 이 이대현

책임편집 권분옥
편　　　집 이태곤 문선희 임애정 강윤경
디 자 인 안혜진 최선주 이경진
마 케 팅 박태훈 안현진

펴 낸 곳 도서출판 역락
주　　　소 서울시 서초구 동광로 46길 6-6(반포4동 문창빌딩 2F)
전　　　화 02-3409-2060(편집부), 2058(영업부)
팩　　　스 02-3409-2059
등　　　록 1999년 4월 19일 제303-2002-000014호
이 메 일 youkrack@hanmail.net
홈페이지 www.youkrackbooks.com
I S B N 979-11-6742-261-3 91790